Kohlhammer

Politik verstehen

Herausgegeben von Siegfried Frech, Philipp Salamon-Menger und Helmar Schöne

Eine Übersicht aller lieferbaren und im Buchhandel angekündigten Bände der Reihe finden Sie unter:

 https://shop.kohlhammer.de/politik-verstehen

Der Autor

 Dr. habil. Helmar Schöne ist Professor für Politikwissenschaft und ihre Didaktik an der Pädagogischen Hochschule in Schwäbisch Gmünd. In seiner an der Freien Universität Berlin entstandenen Doktorarbeit hat er sich mit der Entwicklung von Parlamenten nach der deutschen Wiedervereinigung beschäftigt. Auch in seiner weiteren wissenschaftlichen Laufbahn, u. a. in Dresden, Leipzig und an der University of Iowa stand die Parlamentarismusforschung immer wieder im Mittelpunkt seiner Lehr- und Forschungstätigkeit. Daneben gehört die Politische Bildung zu seinen Arbeitsschwerpunkten.

Helmar Schöne

Parlamente

Aufgaben – Arbeitsweise – Anforderungen

Verlag W. Kohlhammer

Dieses Werk einschließlich aller seiner Teile ist urheberrechtlich geschützt. Jede Verwendung außerhalb der engen Grenzen des Urheberrechts ist ohne Zustimmung des Verlags unzulässig und strafbar. Das gilt insbesondere für Vervielfältigungen, Übersetzungen, Mikroverfilmungen und für die Einspeicherung und Verarbeitung in elektronischen Systemen.

Es konnten nicht alle Rechtsinhaber von Abbildungen ermittelt werden. Sollte dem Verlag gegenüber der Nachweis der Rechtsinhaberschaft geführt werden, wird das branchenübliche Honorar nachträglich gezahlt.

Dieses Werk enthält Hinweise/Links zu externen Websites Dritter, auf deren Inhalt der Verlag keinen Einfluss hat und die der Haftung der jeweiligen Seitenanbieter oder -betreiber unterliegen. Zum Zeitpunkt der Verlinkung wurden die externen Websites auf mögliche Rechtsverstöße überprüft und dabei keine Rechtsverletzung festgestellt. Ohne konkrete Hinweise auf eine solche Rechtsverletzung ist eine permanente inhaltliche Kontrolle der verlinkten Seiten nicht zumutbar. Sollten jedoch Rechtsverletzungen bekannt werden, werden die betroffenen externen Links soweit möglich unverzüglich entfernt.

Umschlagabbildung: Der Plenarsaal des Deutschen Bundestags, 13. Februar 2022 (Foto: Steffen Prößdorf; CC BY-SA 4.0)

1. Auflage 2024

Alle Rechte vorbehalten
© W. Kohlhammer GmbH, Stuttgart
Gesamtherstellung: W. Kohlhammer GmbH, Stuttgart

Print:
ISBN 978-3-17-034559-1

E-Book-Formate:
pdf: ISBN 978-3-17-034560-7
epub: ISBN 978-3-17-034561-4

Für J., seinen persönlichen Kampf und den seiner Generation für unsere Demokratie

Inhalt

1	Was dieses Buch möchte	9
2	Wie Parlamente entstanden sind	15
3	Welche Aufgaben Parlamente haben	31
4	Wie die Abgeordneten ins Parlament gelangen	44
5	Welche Gremien Parlamente haben	59
6	Wie Abgeordnete im Parlament arbeiten	100
7	Wer die Abgeordneten sind	129
8	Wofür Parlamente kritisiert werden	151
9	Wie die Zukunft der Parlamente aussieht	165

1 Was dieses Buch möchte

Wir alle haben schon einmal in größeren Gruppen Entscheidungen treffen müssen, sei es in der Schulklasse oder einer Seminargruppe, im Sport- oder Musikverein, im Kollegium oder während eines Elternabends. Daher wissen wir, wie schwierig, zeitaufwändig und anstrengend – und wenn wir ehrlich sind: bisweilen auch entnervend – es sein kann, in Versammlungen zu Lösungen zu gelangen. Die Interessen der anderen sind zu hören, verschiedene Argumente sind abzuwägen und es sind Kompromisse zu suchen. Wenn sich die Beteiligten nicht einigen können, findet zum Abschluss eines solchen Entscheidungsprozesses in der Regel eine Abstimmung statt, in der sich dann zeigt, für welche Option sich die Mehrheit ausspricht.

Diese mühsame Aufgabe erledigen Abgeordnete in Parlamenten tagtäglich. Sie vertreten Interessen, debattieren unterschiedliche Standpunkte und treffen Entscheidungen – in der Regel über Gesetze. Obendrein wählen sie andere politische Amtsträger:innen, deren Tätigkeit sie dann kontrollieren. Es ist eine ganz erstaunliche und beachtenswerte Leistung, dass es einer Versammlung von mehreren hundert Mitgliedern immer wieder gelingt, am Ende tragfähige politische Entscheidungen zu treffen, wenn das für uns im Alltag bereits in Gruppen der Größe einer Schulklasse oder einer Sportmannschaft herausfordernd ist. Noch bemerkenswerter erscheint diese Leistung, wenn wir uns Folgendes vergegenwärtigen: Abgeordnete kommen aus unterschiedlichen Parteien, Landesteilen sowie Altersgruppen und bringen vielfältige Lebenserfahrungen mit. Sie sind – mit einem Wort – sehr verschieden und obendrein noch alle gleichberechtigt, es kann also niemand den anderen Vorschriften machen oder bestimmen, wo es lang geht.

Trotz dieser bewundernswerten Tätigkeit sind Parlamente und diejenigen, die in ihnen arbeiten, die Politiker:innen, nicht besonders beliebt. Im Gegenteil: Parlamente gehören zu den politischen Institutionen, die in der Bevölkerung wenig Vertrauen genießen, und in der Beliebtheitsskala von Berufen rangieren Politiker:innen am Ende. Diese Unzufriedenheit ist in den letzten Jahren verstärkt von Populist:innen aufgegriffen worden. Rechtspopulist:innen haben nicht einfach nur die politischen Entscheidungen der Regierungsparteien, etwa zur Europa- oder Einwanderungspolitik, kritisiert. Ihre Haltung richtet sich im Kern gegen die Substanz repräsentativer Demokratien und gegen ihre zentrale Institution: das Parlament. Indem Rechtspopulist:innen behaupten, sie allein würden den Volkswillen vertreten, verletzen sie ein wichtiges demokratisches Prinzip: Demokratie ist nicht ohne Pluralismus, also Interessenvielfalt und -wettbewerb, zu haben. Das Parlament dient nicht nur zur Repräsentation dieses Meinungspluralismus, sondern hier wird durch Interessenausgleich und Kompromissbildung das Gemeinwohl hergestellt.

Wir haben es also mit der widersprüchlichen Situation zu tun, dass ausgerechnet die Institution, deren Aufgabe es ist, die Bevölkerung zu repräsentieren und die Vielgestaltigkeit einer pluralistischen Gesellschaft abzubilden, von den Bürger:innen nur wenig geschätzt wird. Zudem sind Missverständnisse über die Arbeit von Volksvertretungen in der Bürgerschaft weit verbreitet; etwa hält sich hartnäckig die Annahme, die Arbeit von Abgeordneten würde vor allem im Plenarsaal stattfinden.

Hier knüpft das vorliegende Buch an. Es erklärt allgemeinverständlich, wie Parlamente arbeiten und wie sie ihre Aufgaben erfüllen. Dies geschieht am Beispiel des Deutschen Bundestags, ohne dass darüber die Rolle der 16 Landesparlamente in den deutschen Ländern vergessen wird. In ihrer Funktions- und Arbeitsweise sind sie dem Bundestag sehr ähnlich. Das Buch wirft einen Blick hinter die Kulissen des Bundestags und stellt den parlamentarischen Arbeitsalltag vor. Was tun die Abgeordneten im Parlament? Welche Rolle spielen die Fraktionen, ohne die der Bundestag nicht funktionieren würde, bei der politischen Entscheidungsfindung? Wie gelingt es, dass aus den verschiedensten Interessen und Positionen, die im Bundestag aufeinandertreffen, Entscheidungen entstehen? Welche weniger sichtbaren Gremien sind daran neben der bekannten Plenarversammlung noch beteiligt und welchen Einfluss haben sie auf die parlamentarische Willensbildung?

Das Besondere dieses Buches ist die Perspektive auf die Alltagsarbeit von Abgeordneten und der Blick hinter die Kulissen der Parlamentsgremien, die nicht-öffentlich tagen. Was tun gewählte Volksvertreter:innen tagtäglich im Parlament? Wie erledigen sie die von ihnen übernommenen Aufgaben? Wie versuchen sie, ihre Interessen in der riesigen Institution Bundestag zur Geltung zu bringen? Wie verschaffen sie sich in der Konkurrenz zu anderen Abgeordneten Aufmerksamkeit für ihre Anliegen? Wie diskutieren und streiten sie – und wie schließen sie Kompromisse?

Bei der Darstellung der Funktions- und Arbeitsweise des Deutschen Bundestags wird die oben angesprochene Kritik am Parlament und seinen Abgeordneten ebenfalls thematisiert. Das Buch ist aus einer Perspektive kritischer Sympathie verfasst. Es ist getragen von der Grundüberzeugung, dass moderne Massendemokratien in Flächenstaaten nicht anders als repräsentativ verfasst sein können – und dass ihre Ergänzung durch direktdemokratische Verfahren zum Regierungssystem passen muss und wohlüberlegt sein will. Natürlich aber sind funktionierende Parlamente auf kraftvolle zivilgesellschaftliche Bewegungen angewiesen, die ihre politischen Anliegen formulieren und die bisweilen vorhandene Schwerfälligkeit und Selbstzufriedenheit politischer Institutionen aufrütteln. Gerade eine Haltung wie die dieses Buchs hat auf Defizite und Reformbedarf des Parlaments hinzuweisen. Dazu zählen beispielsweise die Notwendigkeit, ein Wahlrecht zu schaffen, das den Bundestag deutlich verkleinert und seine Arbeitsfähigkeit stärkt, Fragen nach der Repräsentativität des Parlaments, etwa bezüglich der Vertretung von Frauen und von Menschen ohne Hochschulabschluss oder mit Migrationshintergrund, Diskussionen über die Abgehobenheit von Volksvertreter:innen sowie die Transparenz der Einkünfte von Abgeordneten.

Auch ein Buch über die Alltagsarbeit von Abgeordneten kommt nicht ohne Schilderungen des Rahmens aus, in dem sich die Parlamentarier:innen bewegen. Deshalb beginnt es im *2. Kapitel* mit einem

1 Was dieses Buch möchte

Blick in die Geschichte, um zu verstehen, wo Parlamente herkommen und wie sie entstanden sind. Dabei wird sich zeigen, dass demokratische Parlamente, die uns heute so allgegenwärtig erscheinen, eine relativ junge Errungenschaft sind. Das *3. Kapitel* fragt, wozu es Parlamente überhaupt braucht. Was sind die besonderen Aufgaben, die nur diese politische Institution erfüllen kann? Es werden die zentralen Funktionen des Bundestags unter die Lupe genommen, von der Aufgabe, die Regierung zu wählen und im Amt zu halten, über den voraussetzungsvollen Prozess der Gesetzgebung bis zur Herausforderung, die Verbindung zwischen dem Parlament und der Bevölkerung lebendig zu gestalten. Das alles wird von zurzeit 736 Abgeordneten geleistet, die erst einmal in den Bundestag einziehen mussten. Das *4. Kapitel* beschäftigt sich daher mit dem Wahlsystem, wobei die Kontroverse um die Reform des Wahlrechts und die Verabschiedung eines neuen Wahlgesetzes im Mittelpunkt stehen. Während ihrer Arbeit am Berliner Regierungssitz sind die Fraktionen zentraler Bezugspunkt für die Abgeordneten. Es sind auch die Fraktionen, die ihre Abgeordneten in die Ausschüsse des Parlaments entsenden. Welche Gremien es in den einzelnen Fraktionen gibt und welche im Parlament insgesamt, in der die Arbeit der Mitglieder des Bundestags (der so genannten MdBs) stattfindet, wird im *5. Kapitel* dargestellt. Im *6. Kapitel* schließlich steht die Schilderung der Alltagsarbeit der Abgeordneten im Mittelpunkt. Wie erledigen Abgeordnete in den Sitzungswochen in Berlin ihre Aufgaben? Wie funktioniert Politikgestaltung im parlamentarischen Alltag? Das *7. Kapitel* fragt, wer diejenigen eigentlich sind, die für sich entschieden haben, die Politik – wenigstens eine Zeitlang – zu ihrem Beruf zu machen. Wie sind die Abgeordneten ausgebildet? Welche Berufe hatten sie vor ihrem Mandat? Welchen Altersgruppen entstammen sie? Abschließend wird im *8. Kapitel* beleuchtet, welche Kritik am Parlament und den Politiker:innen geübt wird. Welche Gründe gibt es für die Distanz vieler Bürger:innen zu der Institution, die sie selbst zu wählen aufgerufen sind? Sind Abgeordnete abgehoben – oder beruht Kritik am Parlament zum Teil auf mangelndem Wissen in der Bevölkerung über die zentrale Institution unseres politischen Systems oder auf ungerechtfertigten Ansprüchen? Das abschließende *9. Kapitel* schließlich fragt in der Form eines Fazits nach den Herausforderungen, die sich den Parlamenten in der Gegenwart und für ihre zukünftige Entwicklung stellen.

Der Autor, der in den 1960er Jahren die erste wissenschaftliche Darstellung über den deutschen Bundestag verfasst hat, der Parlamentarismusforscher Gerhard Loewenberg, zog in einer seiner letzten Publikationen folgende Bilanz: Die Politikwissenschaft war in den letzten Jahren sehr erfolgreich darin, viele Forschungsergebnisse über die Funktionsweise von Parlamenten zusammenzutragen und zu erörtern, wie sich diese alte Institution immer wieder gewandelt und an die Erfordernisse moderner politischer Systeme angepasst hat. »Aber die Herausforderung, Parlamente einem breiten Publikum zu erklären, das über die akademischen Fachleute hinausgeht, hat sie bislang nur unbefriedigend gelöst«.[1] Zu dieser Aufgabe einen Beitrag zu leisten, ist die Absicht des vorliegenden Buches.

Hinweise zur Zitierweise und den Literaturangaben

In diesem Buch werden direkte Zitate sparsam verwendet. Die Literaturangaben zu den direkt zitierten Textstellen finden sich direkt in den Fußnoten jeweils am Seitenende. Jedes Kapitel endet mit einer kurzen Literaturübersicht, in der die bei der Erstellung der Texte herangezogene Literatur, aber auch weiterführende Leseempfehlungen aufgeführt sind. Auf ein Gesamtliteraturverzeichnis am Ende des Buches wurde verzichtet.

Der Text enthält immer mal wieder so genannte QR-Codes. Durch das Scannen mit einem Smartphone lassen sich damit hilfreiche weiterführende Informationen zu den betreffenden Sachverhalten auf externen Websites aufrufen. Die entsprechenden Websites wurden zuletzt im Herbst 2023 überprüft.

---

1 Loewenberg, Gerhard (2011): On Legislatures. The Puzzle of Representation, Boulder: Paradigm Publishers, S. 132.

1 Was dieses Buch möchte

Der Autor dankt Siegfried Frech und Julius Alves für viele wertvolle Hinweise zu einer Erstfassung des Textes.

2 Wie Parlamente entstanden sind

Für die Beschäftigung mit Parlamenten benötigen wir zwei weitere Begriffe, den der Repräsentation und den der Demokratie. Parlamente sind Repräsentativversammlungen oder Vertretungskörperschaften, also Zusammenkünfte von Personen, die bestimmte Bevölkerungsgruppen oder Interessen vertreten. Sie sind aber – das zeigen Ländervergleiche und ein Blick in die Geschichte – nicht notwendigerweise demokratisch.

Zwar finden sich Parlamente heute in vielen Staaten aller Erdteile, darunter sind aber auch etliche autoritäre Regime. Offensichtlich haben unterschiedliche politische Systeme Vorteile davon, ein Parlament zu besitzen. Selbst dort, wo zuletzt die Einschränkung der Demokratie und die Gefährdung grundlegender demokratischer Rechte beklagt worden sind, wie etwa in Ungarn oder in der Türkei, war niemals die Rede davon, das Parlament abzuschaffen. Zu jenen Ländern, die unzweifelhaft keine Demokratien sind, aber trotzdem über ein Parlament verfügen, gehören z. B. Russland mit seiner Staatsduma oder China mit seinem Nationalen Volkskongress. In beiden Fällen wird der Einfluss des Parlaments durch dominierende Parteien in Systemen ohne freie Wahlen beschränkt. In Russland hat die Partei ›Einiges Russland‹, die den Präsidenten Putin unterstützt, eine Zweidrittelmehrheit im Parlament, und in China haben wir es mit der Einparteienherrschaft der Kommunistischen Partei zu tun.

Die Geschichte von Vertretungskörperschaften reicht in Europa bis in die Antike zurück – und wir kennen ihre Bedeutung sogar aus der Populärkultur: Es gibt kaum ein Asterix-Heft oder einen Hollywood-Blockbuster aus der Römerzeit, in dem nicht der römische Senat und seine Senatoren auftauchen würden. Eine wichtige Funktion des römischen Senats war die Gesetzgebung, also der Erlass von

Vorschriften zur Gestaltung des öffentlichen Lebens im Römischen Reich. Eine andere Aufgabe bestand in der Rechtsprechung. Zum Senator konnte ernannt werden, wer im römischen Reich eine Verwaltungslaufbahn hinter sich hatte und in verschiedenen hohen öffentlichen Ämtern tätig gewesen war. Diese Laufbahn stand nur Männern des Adels bzw. später Männern mit römischen Bürgerrechten offen. Insofern war der Senat zwar eine Vertreterversammlung (welche die Interessen der römischen Führungsschicht vertrat), die aber weder von der Bevölkerung gewählt wurde noch einen sozialen Querschnitt des römischen Reiches darstellte – schließlich genossen Frauen, Sklaven und Ausländer keine Bürgerrechte.

Aus späteren Jahrhunderten kennen wir die mittelalterlichen Ständeversammlungen als Vertretungskörperschaften, die – wie der römische Senat – nur einen kleinen Teil der Bevölkerung repräsentierten und nicht gewählt, sondern aufgrund ihrer sozialen Stellung berufen wurden. In diesen Versammlungen traf sich der Monarch oder Landesfürst mit Vertretern der Stände, also der unterschiedlichen Bevölkerungsgruppen in seinem Herrschaftsgebiet. Dazu zählten in der Regel Gesandte der Kirche, des Adels und der Städte. Mitglied der Ständeversammlung wurde man entweder durch ein kirchliches Amt, z. B. als Abt eines Klosters, durch adligen Grundbesitz oder als abgesandter Bürger eines Stadtrates. Die Mitglieder der Ständeversammlung vertraten jeweils nur die Interessen des eigenen Standes und auch abgestimmt wurde zunächst nur innerhalb der eigenen Gruppe. Weil die Ständeversammlungen oft nur für einen Tag zusammentraten, um die gemeinsamen Angelegenheiten der Landleute zu verhandeln, erhielten sie die Bezeichnung Landtag. Dieser Name hat sich bis heute in der Bezeichnung vieler deutscher Landesparlamente erhalten. Die zentrale Funktion der Landtage bestand zunächst in der Entscheidung über die zu zahlenden Steuern, welche die Landesfürsten nicht ohne Zustimmung ihrer Stände anordnen konnten.

Am englischen Beispiel lässt sich zeigen, wie die Ständeversammlungen über die Jahrhunderte mehr und mehr Entscheidungsbefugnisse erlangten, die ihnen dann auch in Verträgen verbindlich

2 Wie Parlamente entstanden sind

zugesichert wurden. Nach und nach nahm die Macht der Vertretungskörperschaft zu und die des Königs ab. Dieser Prozess wird als Parlamentarisierung bezeichnet. Ein erstes wichtiges Datum war die Verabschiedung der *Magna Charta* im Jahr 1215. Darin sicherte der König den Adligen bestimmte Rechte zu, um die eigene Macht nicht zu verlieren und einen Krieg gegen das Königshaus abzuwenden. Zu diesen Rechten zählte, dass ein königlicher Rat, bestehend aus den König beratenden Fürsten, eigene Kompetenzen erhielt, etwa die Mitbestimmung bei der Erhebung von Steuern. Dieser königliche Rat bildete die Keimzelle für das spätere britische Parlament, das *House of Commons*. Der Rat erhielt mehr und mehr Befugnisse und seine Zusammensetzung verbreiterte sich, indem u. a. auch die Vertreter des städtischen Bürgertums hinzugezogen wurden. Zum Ende des 17. Jahrhunderts war das Parlament in Großbritannien so mächtig, das es in einem Bürgerkrieg gegen den König gewann. Dieses als *Glorious Revolution* bezeichnete Ereignis brachte 1689 die *Bill of Rights* hervor, welche die Befugnisse des Parlaments gegenüber dem Königshaus regelte und das Recht zur Steuerbewilligung endgültig bei den Abgeordneten festschrieb. Die *Bill of Rights* ist eines der wichtigsten historischen Dokumente zur Entwicklung des Parlamentarismus.

Wie sich im englischen Fall die Ständeversammlungen zu so mächtigen Gegenspielern des Monarchen entwickelten, dass sie sogar eine politische Vormachtstellung erlangten, lässt sich auch anhand der Figur des britischen Regierungschefs nachvollziehen. Üblicherweise bestimmte die Krone ihren ersten Minister – der deshalb bis heute Premierminister heißt. Das einflussreicher gewordene Parlament drängte aber bald darauf, bei der Ernennung des ersten Ministers des Königs mitreden zu können. Seine Bestellung benötigte also die Zustimmung des Parlaments. Irgendwann musste das Parlament mit dem ersten Minister nicht nur einverstanden sein, sondern bestimmte ihn gleich selbst, nämlich in der Regel die Person, welche die Mehrheitsgruppierung im Parlament anführte. Im nächsten Schritt brauchte das Parlament dann nur noch darauf zu drängen, dass der erste Minister des Königs nicht diesem verantwortlich war, sondern dem Parlament. Auf diese Weise entstand in England das parlamentarische Regierungssystem. Die Regierung ihrer Majestät konnte nur in dem Rahmen handeln, den das Parlament auch zuließ.

Zwar wird Großbritannien aufgrund der skizzierten Entwicklung häufig als Mutterland der Demokratie bezeichnet, aber auch hier dauerte es noch sehr lange, bis von einem vollständig entwickelten demokratischen Parlamentarismus die Rede sein konnte. Das allgemeine Frauenwahlrecht wurde nämlich erst 1928 eingeführt.

Schließlich ist Großbritannien auch nützlich für eine kurze Beschäftigung mit der Begriffsgeschichte von ›Parlament‹. Die o. g. Beratung des Königs mit den Ständevertretern wurde im Mittelalter als *parliamentum*, d. h. Gespräch, bezeichnet. Das lateinische *parlamentum* steht für Besprechung oder Auseinandersetzung. Ähnlich auch die altfranzösische Bedeutung: *Parlement* kommt von *parler*, was sprechen oder sich unterhalten bedeutet. Parlamente sind also Orte der Versammlung und Unterredung.

Sowohl die kurze historische Skizze als auch die eingangs erwähnten Beispiele für autoritäre Regime mit Parlamenten zeigen, dass Parlamentarismus und Demokratie nicht notwendigerweise zusammengehören. Wir finden Parlamente auch in nicht-demokratischen Staaten. Umgekehrt finden wir Demokratien bzw. Demokratievorstellungen, die Parlamenten mit Vorbehalten begegnen, weil eine bloße Repräsentation, also Stellvertretung, die wirkliche direktdemokratische Beteiligung aller Bürger:innen verhindern würde. Für diese Auffassung steht das demokratische Athen der Antike oder in der Moderne der Philosoph Jean-Jacques Rousseau mit seinem Werk *Der Gesellschaftsvertrag* von 1762.

Demokratie
Das Wort ›Demokratie‹ entstammt dem Griechischen und bedeutet dem Wortsinn nach Volksherrschaft. Wie aber soll das Volk herrschen? Soll es über wichtige Sachfragen selbst entscheiden oder sollen das von ihm gewählte Repräsentant:innen tun? Dar-

über wird seit Jahrhunderten gestritten. Auch ist Demokratie längst nicht in allen Zeiten als eine gute Sache wahrgenommen worden. Bis ins 19. Jahrhundert war die Vorstellung weit verbreitet, Demokratie sei instabil und neige zur Korruption. Weil der arme Pöbel aufgrund seiner puren Masse die Gebildeten und Vernünftigen verdränge, würde Demokratie in Chaos und Unregierbarkeit enden.

Der Politikwissenschaftler Manfred G. Schmidt hat darauf hingewiesen, dass es nicht nur eine Demokratie gibt, sondern viele Demokratien. Auch die Theorien über Demokratie seien vielfältig. Er selbst schlägt folgende Definition vor:

> »Die Demokratie ist eine Staatsverfassung, in der die Herrschaft bzw. die Machtausübung auf der Grundlage politischer Freiheit und Gleichheit sowie weitreichender politischer Beteiligungsrechte erwachsener Staatsbürger erfolgt. Im Idealfall geschieht dies in offenen, die Opposition gleichberechtigt einschließenden Vorgängen der Willensbildung und Entscheidungsfindung. Und geherrscht wird mit dem Anspruch, im Interesse der Gesamtheit oder zumindest der Mehrheit der Stimmberechtigten zu regieren. Dabei stehen die Herrschaft und die Machtausübung unter dem Damoklesschwert der Abwahl der Regierenden durch den Demos, den stimmberechtigten Teil des Volkes. Die Waffen des Demos gegen die Regierenden sind das Wahlrecht und die Chance, die Volksvertreter oder die Regierungschefs in allgemeinen, freien und fairen Wahlen zu wählen oder abzuwählen.«[2]

Ähnlich, aber kürzer hat das der U.S.-amerikanische Politologe Adam Przeworski formuliert:

> »Die Demokratie ist eine politische Ordnung, in der die Bürgerinnen und Bürger ihre Regierung mittels Wahlen bestimmen und die Möglichkeit haben, sich einer Regierung zu entledigen, die ihnen nicht gefällt.«[3]

---

2 Schmidt, Manfred G. (2019): Demokratietheorien. Eine Einführung, 6. Auflage, Wiesbaden: Springer VS, S. 2.
3 Przeworski, Adam (2020): Krisen der Demokratie, Berlin: Suhrkamp, S. 14.

2 Wie Parlamente entstanden sind

Von demokratischen Parlamenten – der Politikwissenschaftler und Parlamentarismusforscher Werner J. Patzelt bezeichnet sie als »Parlamente im engeren Sinn«[4] – sprechen wir daher, wenn sie aus gleichen, allgemeinen, unmittelbaren, geheimen und freien *Wahlen* hervorgehen. Wahlen sind nicht nur deshalb wichtig, weil sie der Bevölkerung eine Stimme geben, um ihre politischen Positionen auszudrücken, sondern auch, weil sie für ein besonderes Verhältnis zwischen den Wähler:innen und den Gewählten sorgen: Wahlen schaffen eine Repräsentationsbeziehung. Die gewählten Abgeordneten müssen responsiv und verantwortlich sein. Der Begriff ›responsiv‹ kommt vom englischen *responsiveness* und bedeutet Ansprechbarkeit. Auf Abgeordnete bezogen bedeutet das, sie müssen bereit sein, die Interessen der Wähler:innen wahrzunehmen und im Parlament zu artikulieren. Dafür müssen sie Möglichkeiten schaffen, mit den Bürger:innen im regelmäßigen Kontakt zu stehen, um von deren Anliegen zu erfahren. Das geschieht üblicherweise in den Wahlkreisen und über die Medien. Außerdem sind Abgeordnete ihren Wähler:innen verantwortlich, d. h. sie müssen ihre politischen Entscheidungen erklären, rechtfertigen und um Vertrauen werben. Wenn sie das Vertrauen verlieren, droht ihnen die Abwahl.

> **Repräsentation I**
> Eine bekannte, aber auch komplizierte Definition von Repräsentation stammt von einem Begründer der deutschen Politikwissenschaft, Ernst Fraenkel:
>
> > »Repräsentation ist die rechtlich autorisierte Ausübung von Herrschaftsfunktionen durch verfassungsmäßig bestellte, im Namen des Volkes, jedoch ohne dessen bindenden Auftrag handelnde Organe eines Staates oder sonstigen Trägers öffentlicher Gewalt, die ihre Autorität mittelbar oder unmittelbar vom Volk ableiten und mit dem Anspruch legitimieren, dem

---

4 Patzelt, Werner J. (2020): Parlamentarismusforschung. Einführung, Baden-Baden: Nomos, S. 22.

> Gesamtinteresse des Volkes zu dienen und dergestalt dessen Willen zu vollziehen.«[5]
>
> Der Ausgangspunkt von Fraenkels Überlegungen zur Repräsentation liegt in der Beobachtung, dass moderne Demokratien durch enorm viele Interessen geprägt sind. Es sind pluralistische Gesellschaften, die offen für verschiedene Meinungen und Vorstellungen sind. Eine einzelne Person kann diese Vielfalt nicht repräsentieren, also abbilden. Deshalb kommt die Aufgabe der Repräsentation einer Versammlung von mehreren Personen zu, den Parlamenten (den »handelnden Organe eines Staates«). Wichtige Organisationen, die zu einer ersten Bündelung der Interessenvielfalt beitragen, sind Parteien und Verbände. Parteien stellen Kandidat:innen, die für bestimmte politische Positionen stehen, zur Wahl. Verbände (z. B. Gewerkschaften, Arbeitgeber-, Umweltschutz- oder Sozialorganisationen) artikulieren ihre Interessen. Aufgabe der Repräsentant:innen im Parlament ist es, die unterschiedlichen Interessen auszugleichen und daraus politische Entscheidungen zu formen (»dem Gesamtinteresse des Volkes zu dienen«). Die Abgeordneten sollen die Interessen der Wähler:innen kennen und sie vertreten, sie sind aber nicht an sie gebunden (»ohne dessen bindenden Auftrag«). Im Gegenteil: Sie besitzen ein so genanntes freies Mandat. Das bedeutet nicht, dass sie, einmal gewählt, die Interessen ihrer Wählerschaft einfach ignorieren können; dann würden sie beim nächsten Mal nicht wiedergewählt. Aber sie sind frei, abzuwägen und die in ihren Augen besten Entscheidungen zu treffen. Repräsentation – Vertretung – auf diese Art ist nur interaktiv denkbar, also indem zwischen Repräsentant:innen und Repräsentierten beständiger Austausch und Kommunikation stattfinden.

---

5 Fraenkel, Ernst (1991): Deutschland und die westlichen Demokratien, 3. Auflage, Frankfurt/Main: Suhrkamp, S. 153.

Eine weitere unabdingbare Voraussetzung für demokratische Parlamente ist die Möglichkeit zur freien öffentlichen Debatte. Wo es Zensur und Beschränkungen der Pressefreiheit gibt, existiert kein demokratischer Parlamentarismus. Historisch beginnt die Entwicklung demokratischer Parlamente daher, als große Teile der Bevölkerung nicht länger Untertan:innen des Königs sein wollten und auf politische Mitsprache bestanden. Indem sie ihre Teilhabewünsche und politischen Forderungen durch Plakate, Flugblätter vor allem aber durch das entstehende Zeitungswesen artikulierten, entstand eine *politisch debattierende Öffentlichkeit.* Das geschah im Zeitalter der Amerikanischen (1776) und Französischen Revolution (1789) – und in Deutschland zum Beginn des 19. Jahrhunderts. Einen vorläufigen Höhepunkt dieser Entwicklung bildeten die Wahlen von 1848 (welche die o. g. Bedingungen an demokratische Wahlen längst noch nicht erfüllten) zur Nationalversammlung, die in der Frankfurter Paulskirche tagte. Wie wichtig eine freie Öffentlichkeit ist, damit sich Demokratie und demokratische Parlamente entwickeln können, zeigt sich aber nicht nur in der Geschichte, sondern immer wieder auch in der Gegenwart. Das Erste, was autoritäre Herrscher tun, wenn in ihren Ländern Bürgerbewegungen auf Mitbestimmung drängen, ist, die Möglichkeiten zur freien Meinungsäußerung zu begrenzen. Sie verbieten Demonstrationen, schließen Zeitungen und Fernsehanstalten, verhaften Journalist:innen und versuchen, den Zugang zu Informationen aus dem Internet zu begrenzen. So zuletzt geschehen u. a. in Belarus, Russland, Hongkong, Myanmar oder auch in der Türkei.

Wo es dagegen regelmäßig wiederkehrende Wahlen und eine politische Öffentlichkeit gibt, ist die Entwicklung von *Parteien* typisch. Sie stellen eine weitere Erscheinungsform des demokratischen Parlamentarismus dar. In Parteien finden sich jeweils unterschiedliche politische Interessen zusammen, und sie bilden ein Bindeglied zwischen der Gesellschaft und dem Regierungssystem, indem sie Kandidat:innen für die Wahl ins Parlament und die Besetzung von öffentlichen Ämtern vorschlagen. Wahlen sind ohne Parteien kaum möglich.

Repräsentation II

Ein anderer bekannter Name, der bei der Beschäftigung mit Repräsentation nicht fehlen darf, ist der von Hanna Pitkin. Sie hat in den 1960er Jahren *das* grundlegende Buch über Repräsentation geschrieben. Ihre Definition lautet: »Representation, taken generally, means the making present in some sense of something which is nevertheless not present literally or in fact.«[6] Das heißt, frei und gekürzt ins Deutsche übertragen: Repräsentation bedeutet das Gegenwärtigmachen von etwas, das selbst nicht anwesend ist. Wichtiger als diese allgemeine Definition ist aber, dass Pitkin verschiedene Bedeutungsebenen von Repräsentation unterschieden hat:

- formale Repräsentation
- symbolisch-deskriptive Repräsentation
- handlungsorientierte oder interaktive Repräsentation

›Formale Repräsentation‹ meint, dass jemand autorisiert ist, im Namen derjenigen, die er vertritt, zu handeln. Eine Person vertritt diejenigen, die nicht anwesend sind. Eine Klassensprecherin vertritt die Schüler:innen ihrer Klasse in der Schulversammlung. Studentische Vertreter:innen in Hochschulgremien vertreten die Studierendenschaft. Der Bundespräsident vertritt die Bundesrepublik Deutschland im Ausland. In allen Fällen ist das zu Repräsentierende – die Schüler:innen, die Studierendenschaft, die Bundesrepublik – abwesend, es wurde aber eine Form gefunden, das, was repräsentiert werden soll, einzubinden.

›Symbolisch-deskriptive Repräsentation‹ weist darauf hin, dass bestimmte Objekte für etwas stehen. Objekte symbolisieren eine Bedeutung. Das einfachste Beispiel ist die Flagge, die für ein Land steht. Logos können eine ähnliche Funktion erfüllen: Die Shell-

---

6 Pitkin, Hanna (1967): The Concept of Representation, Berkely: University of California Press, S. 8.

Muschel repräsentiert den Mineralölkonzern. Bei der Beschäftigung mit Parlamenten kann unter diesem Aspekt gefragt werden, ob die Volksvertretung in ihrer Zusammensetzung ein Spiegelbild der Gesellschaft ist. Die Sozialstruktur des Parlaments wird zum Symbol für die Repräsentativität der Volksversammlung.

Beide genannten Aspekte, ›formale‹ und ›symbolische Repräsentation‹, finden wir auch in Parlamenten. Offensichtlich sind sie aber nicht ausreichend, um das Verhältnis zwischen Abgeordneten und ihren Wähler:innen zu erklären. Unzweifelhaft haben Abgeordnete formale Befugnisse, für die Wählerschaft politische Entscheidungen zu treffen, und fraglos symbolisieren Abgeordnete und das Parlament – insbesondere bei Feierstunden oder großen Plenardebatten – die Demokratie. Eigentlich interessant und wichtig ist aber die Frage, wie die Beziehung zwischen Repräsentant:innen und Repräsentierten ausgestaltet ist. Denn nur wenn wir das wissen, können wir beurteilen, ob die demokratische Repräsentation gut funktioniert oder Mängel aufweist. Es ist also auf die Arbeitsteilung zwischen Abgeordneten und Wähler:innen zu schauen. Darauf macht Pitkin mit dem Begriff der ›handlungsorientierten Repräsentation‹ aufmerksam. Wie bereits Fraenkel denkt auch sie demokratische Repräsentation als interaktiven Austausch zwischen Wähler:innen und Gewählten.

Die drei genannten Bedeutungsebenen lassen sich auch in Form von Fragen verständlich machen:

- ›Formale Repräsentation‹: Warum, wann und wie darf eine Person andere vertreten?
- ›Symbolische Repräsentation‹: Wie wird Repräsentation sichtbar gemacht?
- ›Handlungsorientierte Repräsentation‹: Wie vertreten Abgeordnete ihre Wähler:innen und wie kann im Parlament die Vielfalt gesellschaftlicher Interessen abgebildet werden?

Schließlich bezeichnen wir nur solche Parlamente als demokratisch, die über realen politischen Einfluss verfügen, die also in einem System der *Gewaltenteilung* neben anderen Institutionen, vor allem der Regierung, mitbestimmen können. Dafür ist es notwendig, dass sie die Interessen nicht nur der Mehrheit, sondern auch von Minderheiten zum Ausdruck bringen können, über Gesetze entscheiden und die Inhaber öffentlicher Ämter kontrollieren oder sogar selbst wählen.

In diesem Sinne verstandene Parlamente finden wir in Deutschland erstmals in der nach der Novemberrevolution (1918) entstandenen Weimarer Republik. Bei den Wahlen zur Nationalversammlung vom 19. Januar 1919 hatten zum ersten Mal auch Frauen das Wahlrecht. Eine Errungenschaft der Weimarer Reichsverfassung war, dass sie erstmals allen Bürger:innen die grundlegenden Menschen- und Bürgerrechte garantierte, die später auch den ersten Abschnitt des Grundgesetzes bilden sollten. Das von der Weimarer Verfassung begründete Regierungssystem unterschied sich aber von dem des heutigen Grundgesetzes. Es war kein strikt parlamentarisches Regierungssystem, sondern durch eine Doppelspitze gekennzeichnet. Neben dem Parlament, dem Reichstag, wurde auch der Reichspräsident direkt von der Bevölkerung gewählt und verfügte über maßgeblichen politischen Einfluss. Die besonderen Befugnisse des Reichspräsidenten spielten beim Untergang der ersten deutschen Republik 1932/33 eine wichtige Rolle, weil er zu einer Konkurrenz zur Volksvertretung geworden war.

Daraus wurden im Grundgesetz, das 1949 verabschiedet wurde, Lehren gezogen. Im politischen System der Bundesrepublik Deutschland spielt das Parlament eine zentrale Rolle. Das zeigt sich u. a. darin, dass unsere Verfassung keine Direktwahl der Bundespräsident:innen vorsieht. Die politische Macht dieser Position ist zudem so beschränkt, dass es kein Gegeneinander zwischen dem Staatsoberhaupt und der vom Parlament gewählten Regierung geben kann. Außerdem verzichtet das Grundgesetz auf Volksabstimmungen. Die Staatsgewalt wird durch das Volk also nicht direkt ausgeübt, stattdessen übertragen die Bürger:innen sie durch Wahlen an Repräsentant:innen, die im Auftrag des Wahlvolkes die Entscheidungen im Staat treffen. Auf der Bundesebene versammeln sich die Gewählten, die Abgeordneten, im Bundestag, auf der Landesebene in den jeweiligen Landesparlamenten. Das Grundgesetz begründet eine repräsentative Form der Demokratie und eine parlamentarische Demokratie. Außerdem sieht es eine föderale Ordnung vor, in der die politische Macht zwischen dem Bund und den Ländern aufgeteilt ist. Die Bundesländer sind über den Bundesrat an der Gesetzgebung des Bundes beteiligt. Die Legislative besteht also aus zwei Kammern, dem Bundestag und dem Bundesrat.

> **Repräsentation III**
> Damit demokratische Repräsentation entsprechend der obigen Überlegungen von Fraenkel und Pitkin funktioniert, braucht es bestimmte Voraussetzungen:
>
> - Repräsentant:innen müssen Input aus der Wählerschaft aufnehmen.
> - Repräsentant:innen und Repräsentierte müssen unabhängig voneinander handeln können.
> - Repräsentant:innen müssen politische Führung ausüben und Politik gestalten.
> - Repräsentant:innen müssen kompetent sein.
>
> Ob Repräsentation am Ende gelingt, entscheidet sich nicht an der Beziehung zwischen dem Abgeordneten Meyer und der Wählerin Müller, sondern in der Gesamtbilanz: Gelingt es den politischen Institutionen, die unterschiedlichen pluralen Interessen einer Gesellschaft zu vertreten und aus ihrer Vielzahl ein Gemeinwohl zu formen?

2 Wie Parlamente entstanden sind

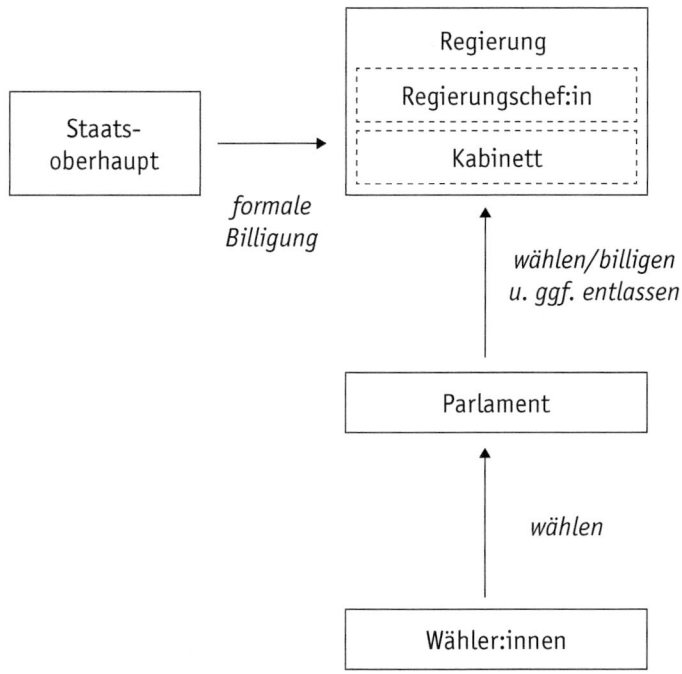

Abb. 1: Parlamentarische Demokratie (Quelle: eigene Darstellung nach Hague/Harrop[7]).

Bei der Verwendung des Begriffs ›parlamentarische Demokratie‹ ist folgendes Missverständnis zu vermeiden: Er bezeichnet nicht einfach nur eine Demokratie mit Parlament, sondern steht für eine bestimmte Form demokratischer Regierungssysteme, die auf die Entwicklung des eingangs erwähnten britischen Modells zurückgehen: In parlamentarischen Demokratien wird die Regierung vom Parlament gewählt (▶ Abb. 1). Das ist in so genannten präsidentiellen Regierungssystemen nicht der Fall, für welche die USA das historisch älteste Beispiel sind. Hier finden wir eine strikte Trennung von Re-

---

7 Hague, Rod/Harrop, Martin (2010): Comparative Government and Politics. An Introduction, 8. Auflage, Basingstoke: Palgrave Macmillan, S. 326.

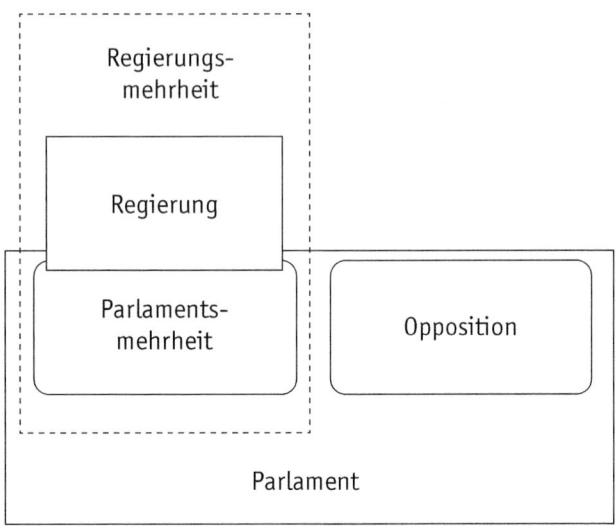

Abb. 2: Gewaltenverschränkung in parlamentarischen Demokratien (Quelle: eigene Darstellung).

gierung und Parlament; beide werden jeweils in eigenen Wahlen bestimmt. Die Bevölkerung wählt den oder die Regierungschef:in (= Präsident:in) und das Parlament in eigenen Wahlen, die zu unterschiedlichen Zeiten stattfinden.

Der simple Satz »Die Regierung wird vom Parlament gewählt« hat für die Architektur des gesamten Regierungssystems weitreichende Folgen. Diese Wahlen führen nämlich dazu, dass die Mehrheit im Parlament und die Regierung eine Handlungseinheit bilden. Regierung und Parlamentsmehrheit handeln im Team, sie agieren gemeinsam als Mannschaft. Die Mehrheit wird ihre Regierung in der Regel stützen und unterstützen und sie nicht öffentlich lautstark kritisieren und angreifen. Gemeinsam werden sie versuchen, eine Politik zu betreiben, die in der Bevölkerung so gut ankommt, dass sie auch bei den nächsten Wahlen wieder eine Mehrheit erringen, um weiterhin regieren zu können. Die Aufgabe der Regierungskritik übernimmt die Opposition, die Minderheit im Parlament. Sie wird ihrerseits versuchen, die Mehrheit des Volkes hinter sich zu bringen, um die Regierungsparteien bei der nächsten Wahl abzulösen. Wir sprechen von Gewaltenverschränkung, weil Regierung und Parlament – Exekutive und Legislative – miteinander verflochten sind (▶ Abb. 2).

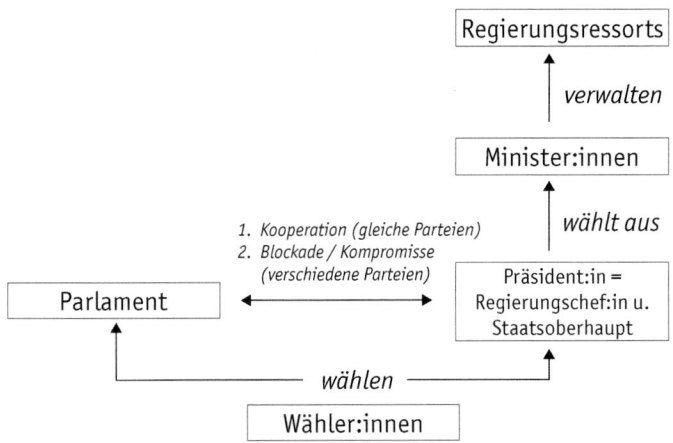

Abb. 3: Präsidentielle Demokratie (Quelle: eigene Darstellung nach Hague/Harrop[8]).

In präsidentiellen Regierungssystemen dagegen wählt das Parlament die Regierung nicht nur nicht, es kann die Regierung auch nicht abwählen (▶ Abb. 3). Gleichgültig, welche Mehrheitsverhältnisse im Parlament herrschen, die Regierung bleibt im Amt. Das ist das klare Prinzip der Gewaltenteilung, wie es der politische Philosoph Montesquieu Mitte des 18. Jahrhunderts beschrieben hat: Eine Regierung lasse sich am besten kontrollieren, wenn ihr ein starkes unabhängiges Parlament gegenüberstehe. In diesem System gibt es prinzipiell zwei mögliche Konstellationen:

---

8 Ebd., S. 320.

1. Der Präsident gehört derselben Partei an wie die Mehrheit im Parlament. Üblicherweise wird Kooperation die Folge sein.
2. Präsident und Parlamentsmehrheit gehören verschiedenen Parteien an. In dieser Situation sind Kompromisse zwischen den beiden Lagern nötig, es kann aber auch zur Blockade des politischen Geschehens kommen.

Hinsichtlich der Regierungsbildung unterscheiden sich die Aufgaben von Parlamenten in parlamentarischen und präsidentiellen Demokratien also, die im folgenden Kapitel mit dem Fokus auf das parlamentarische Regierungssystem der Bundesrepublik Deutschland vorgestellt werden.

Literatur

Biefang, Andreas/Geppert, Dominik/Recker, Marie-Luise/Wirsching, Andreas (Hrsg.) (2023): Parlamentarismus in Deutschland von 1815 bis zur Gegenwart. Historische Perspektiven auf die repräsentative Demokratie, Bonn: Bundeszentrale für politische Bildung.
Fraenkel, Ernst (1991): Deutschland und die westlichen Demokratien, 3. Auflage, Frankfurt/Main: Suhrkamp.
Manow, Philip (2020): (Ent-)Demokratisierung der Demokratie, Berlin: Suhrkamp.
Marschall, Stefan (2016): Parlamentarismus. Eine Einführung, 2. Auflage, Baden-Baden: Nomos.
Massing, Peter/Breit, Gotthard/Buchstein, Hubertus (2017): Demokratietheorien. Von der Antike bis zur Gegenwart, Schwalbach/Ts: Wochenschau Verlag.
(In diesem Buch sind Auszüge der im Text erwähnten ›Magna Charta‹ und der ›Bill of Rights‹ zu finden.)
Patzelt, Werner J. (2020): Parlamentarismusforschung. Einführung, Baden-Baden: Nomos.
Pickel, Gert/Pickel, Susanne (2022): Demokratie, Stuttgart: Kohlhammer.
Przeworski, Adam (2020): Krisen der Demokratie, Berlin: Suhrkamp.
Schmidt, Manfred G. (2019): Demokratietheorien. Eine Einführung, 6. Auflage, Wiesbaden: Springer VS.

3 Welche Aufgaben Parlamente haben

Im Kern lassen sich vier grundlegende Aufgaben von Volksvertretungen in parlamentarischen Demokratien unterscheiden: Parlamente wählen Amtsträger:innen, u. a. den oder die Bundeskanzler:in, kontrollieren die Regierung, verabschieden Gesetze und kommunizieren mit der Bevölkerung, d. h. sie vertreten Interessen und erörtern politische Probleme.

Wahlfunktion

Zu den ersten Aufgaben des Parlaments nach einer Wahl gehört die Bestellung der Regierung. Auf der Bundesebene bestimmt das Grundgesetz (Art. 63 GG), dass der Bundestag den oder die Bundeskanzler:in wählt – nicht aber die gesamte Regierung. Dieser Wahl gehen Verhandlungen über die Bildung einer Koalition voraus, weil in Deutschland üblicherweise nicht eine Partei alleine über eine Parlamentsmehrheit verfügt. In den Koalitionsverhandlungen einigen sich zwei oder – neuerdings – mehrere Parteien auf ein Regierungsprogramm. Die Wähler:innen bestimmen also mittelbar über den oder die Regierungschef:in, es sind in der Regel die Spitzenkandidat:innen der stärksten Partei in einer Koalition. Ist der oder die Kanzler:in gewählt, benennt er oder sie die Minister:innen und bildet damit die Regierung (Art. 64 GG). In der Praxis ist allerdings bereits im Koalitionsvertrag festgelegt worden, welche Partei welche Minister:innen entsenden darf. Entsprechend liegt das Vorschlagsrecht für ›ihre‹ Minister:innen bei den Koalitionsparteien. Zur Wahlfunktion des Parlaments gehört auch die Möglichkeit, den oder die Bundeskanzler:in abzuwählen. Das ist aber nur mit einem so genannten konstruktiven Misstrauensvotum (Art. 67 GG) möglich, indem das Parlament eine andere Person als Regierungschef:in wählt.

Auch an der Wahl weiterer Verfassungsorgane ist der Bundestag beteiligt. Gemeinsam mit von den Länderparlamenten entsendeten Delegierten wählen die Bundestagsabgeordneten eine Person ins Amt des Bundespräsidenten (Art. 54 GG). Die Mitglieder des Bundesverfassungsgerichtes werden je zur Hälfte vom Bundestag und vom Bundesrat gewählt (Art. 94 GG). Es ist also das Parlament, das über die Legitimation der genannten Staatsorgane entscheidet und damit im Zentrum des deutschen Regierungssystems steht.

Darüber hinaus ist nicht zu vergessen, dass die Abgeordneten die Leitungsfunktionen im Parlament durch Wahlen bestimmen, aus der Mitte des Parlaments werden der oder die Parlamentspräsident:in und die Mitglieder des Präsidiums (▶ Kap. 5) gewählt.

Kontrollfunktion

Die im vorhergehenden Kapitel dargestellte Funktionslogik parlamentarischer Regierungssysteme, nach der Parlamentsmehrheit und Regierung eine Handlungseinheit – eine gemeinsame Mannschaft – bilden und der Opposition gegenüberstehen, prägt auch die Aufgabe der Regierungskontrolle. Mehrheit und Minderheit erfüllen die Kontrollaufgabe in unterschiedlicher Art und Weise. Die Opposition ist bestrebt, die Schwächen der Regierung aufzudecken, um sie bei den nächsten Wahlen abzulösen. Die Mehrheit dagegen versucht, die Schwachstellen zu beseitigen, damit ihre Regierung möglichst lange im Amt bleiben kann. Dafür haben sich die Begriffe nachprüfende sowie begleitende oder mitwirkende Kontrolle eingebürgert.

Die *nachprüfende Kontrolle* ist öffentlich gut sichtbar. Die formellen Instrumente, die der Bundestag dafür zur Verfügung hat (Kleine

Anfragen, Große Anfragen, Fragestunde, Regierungsbefragung, Aktuelle Stunde), werden vor allem von der Opposition eingesetzt. Diese Instrumente werden als Interpellationsrechte bezeichnet, also als Rechte, kritische Fragen zu stellen. Auch die Einsetzung von Untersuchungsausschüssen und die Einreichung von Klagen vor dem Verfassungsgericht, um Gesetze auf ihre Vereinbarkeit mit höherrangigem Recht oder der Verfassung überprüfen zu lassen, werden üblicherweise von der Opposition angestrengt. Weil es das Schicksal der Opposition ist, dass im Parlament am Ende die Mehrheit entscheidet, halten einige Beobachter:innen diese Kontrolle nicht für besonders wirksam. Auf jeden Fall bleibt die Oppositionskontrolle gänzlich ohne Wirkung, wenn sie nicht von der Öffentlichkeit wahrgenommen wird. Oppositionelle Kontrolle kann daher nur mittelbar über die Öffentlichkeit und die Wählerschaft Druck auf die Regierungsmehrheit ausüben und ist für ihre Wirksamkeit auf die Medien angewiesen. Insofern steht die Kontrollfunktion in einem engen Zusammenhang mit der Kommunikationsfunktion des Parlaments.

Die Parlamentsmehrheit hingegen kritisiert und kontrolliert ›ihre‹ Regierung in aller Regel nicht öffentlich im Plenum oder gar in den Medien, sondern nur intern. Dafür stimmen die Regierung und die sie tragenden Fraktionen ihre Vorhaben im Vorfeld miteinander ab, beispielsweise in den Fraktionsarbeitskreisen, in denen die Abgeordneten Einfluss auf einzelne Felder der Regierungspolitik nehmen können, oder in den Fraktionsversammlungen, in denen die Minister:innen ihre politischen Vorhaben vorstellen und rechtfertigen (▶ Kap. 5 u. ▶ Kap. 6). Das meint *mitwirkende Kontrolle*. Beobachtungen im Parlament zeigen, dass eine manchmal behauptete Dominanz der Regierung über die Abgeordneten nicht ganz zutreffend ist. Die enge Zusammenarbeit zwischen den Abgeordneten der Mehrheit und Regierungsvertreter:innen erlaubt politische Einflussnahme in beide Richtungen – und vollzieht sich oftmals bei der Beratung von Gesetzentwürfen in den Mehrheitsfraktionen. Entsprechend hängen häufig die mitwirkende Kontrolle und die Gesetzgebungsfunktion eng zusammen.

> **Ahnherrn der Parlamentarismusforschung**
> Wer sich mit Parlamentsfunktionen beschäftigt, stößt unweigerlich auf zwei Namen: John Stuart Mill und Walter Bagehot. Es sind die Autoren, die erstmals über die Aufgaben von Parlamenten geschrieben haben (1861 bzw. 1867). Sie taten es dort, wo der Parlamentarismus in der Neuzeit seinen Ursprung hat: in Großbritannien. Insofern ist das Vereinigte Königreich nicht nur das Mutterland der parlamentarischen Demokratie, sondern von dort stammen auch die ersten systematischen Reflexionen über Parlamente und den Parlamentarismus.
>
> Mill, John Stuart (1971): Betrachtungen über die repräsentative Demokratie, Paderborn: Schöningh (Original 1861).
> Bagehot, Walter (1971): Die englische Verfassung, Neuwied: Luchterhand (Original 1867).

Gesetzgebungsfunktion

Auch die Gesetzgebungsfunktion wird durch die Funktionslogik parlamentarischer Regierungssysteme geprägt. Es ist die Regierungsmehrheit, welche die Gesetzgebungsfunktion des Parlaments ausübt und der Opposition in diesem Bereich allenfalls begrenzten Einfluss ermöglicht. Dabei wird der Großteil der Gesetzesinitiativen von der Bundesregierung eingebracht (52 % in der 19. Wahlperiode). Zentrale Ursache für diesen hohen Anteil an Regierungsinitiativen ist die Tatsache, dass die Regierung und die Mehrheitsfraktionen durch gemeinsame Interessen verbunden sind. Die Regierung nutzt die personellen Ressourcen und den hochspezialisierten Sachverstand in den Ministerialverwaltungen, um den politischen Gestaltungswillen der Parlamentsmehrheit umzusetzen. Ausgangspunkt dafür ist bereits der Koalitionsvertrag, der das abzuarbeitende Gesetzgebungsprogramm der Regierung enthält. Deshalb verzichtet die Parlamentsmehrheit meist darauf, selbst jene Gesetzesinitiativen zu erarbeiten, die viel sachkundiger von ›ihrer‹ Regierung vorbereitet werden können. Übersehen werden darf aber nicht, dass bei der Erarbeitung von Gesetzentwürfen immer eine enge Abstimmung zwischen der Regierung und der sie tragenden Parlamentsmehrheit erfolgt und abschließende Änderungen und Anpassungen in der parlamentarischen Beratung üblich sind.

Gewöhnlich beginnt die Erarbeitung eines Gesetzes damit, dass die zuständigen Minister:innen ihrer Verwaltung den Auftrag zur Erarbeitung eines Referent:innen-Entwurfs erteilen. Dieser Entwurf muss dann erst von der Regierung verabschiedet werden, bevor er formell in das Parlament eingebracht wird. Informell ist er dort aber längst, weil bei der Erstellung des Entwurfs vom Ministerium sowohl die zuständigen Abgeordneten der Mehrheitsfraktionen einbezogen als auch betroffene Interessengruppen angehört werden. Der formell geregelte Prozess des Gesetzgebungsverfahrens beginnt mit der ersten Lesung im Plenum.

 Weg der Gesetzgebung

Die erste Lesung dient vor allem dazu, den Entwurf in die zuständigen Ausschüsse zu überweisen. In den – in der Regel nicht-öffentlichen – Ausschussberatungen wird eine Beschlussempfehlung für das Plenum erarbeitet. Die Ausschusssitzungen sind zwar das Kernstück der parlamentarischen Beratung eines Gesetzentwurfs, weil hier die Gesetze auf dem Prüfstand von Mehrheit und Opposition stehen, aber die Beratungen sind nicht mehr oder nur noch in einzelnen Details ergebnisoffen. Der Grund: Entscheidungen in den Ausschüssen folgen weitgehend den zuvor in den Fraktionen getroffenen Beschlüssen. Die zweite Lesung eines Gesetzentwurfes im Anschluss an die Ausschussberatungen dient dann im Wesentlichen dazu, die in den Fraktionen und Ausschüssen getroffenen Entscheidungen über die

Plenardebatte der Öffentlichkeit zu präsentieren. Insofern bildet die zweite Lesung das Kernstück der öffentlich wahrnehmbaren Beschäftigung des Parlaments mit einem Gesetz, in der aber die meisten Entscheidungen längst getroffen sind. Die dritte Lesung erfolgt unmittelbar im Anschluss, wenn in der zweiten Lesung keine Änderungen beschlossen wurden. Nach der Verabschiedung durch den Bundestag bedarf es bei bestimmten Gesetzen noch der Beteiligung des Bundesrates bzw. bei kontroverser Beschlussfassung des Vermittlungsausschusses.

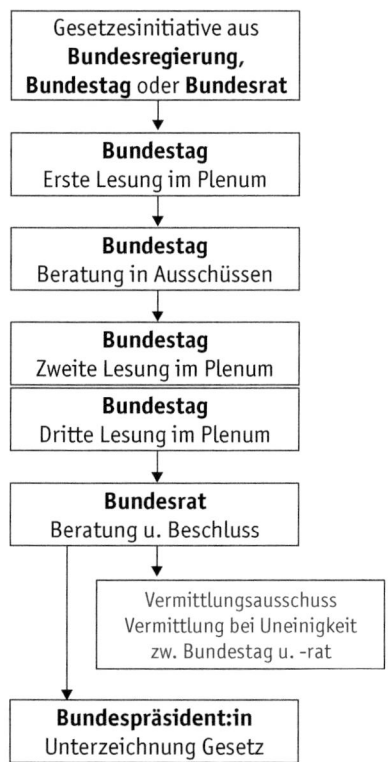

Abb. 4: Typische Schritte im Gesetzgebungsverfahren, vereinfacht (Quelle: eigene Darstellung).

Kommunikationsfunktion

Die Kommunikationsfunktion des Parlaments besteht aus zwei Teilen. Kurz gesagt: Hinein in die Volksvertretung und hinaus. Erstens müssen Abgeordnete Anliegen, Meinungen und Interessen aus der Gesellschaft aufnehmen und in den parlamentarischen Willensbildungsprozess einbringen. Zweitens müssen die politischen Auffassungen und Positionen der Parlamentarier:innen und Fraktionen öffentlich dargestellt und erörtert werden.

Beide Teile finden einerseits in den Wahlkreisen der Abgeordneten überall in Deutschland und andererseits während der Parlamentsarbeit in Berlin statt. Vor Ort, in ihren Heimatregionen nehmen Parlamentarier:innen im Dialog u. a. mit Bürger:innen, Interessengruppen, öffentlichen Einrichtungen oder Betrieben Informationen und Impulse auf. Es braucht das Ohr an der Bevölkerung, um über politische Probleme informiert zu sein und Handlungsbedarf zu erkennen. Umgekehrt werden in den Wahlkreisen Entscheidungen des Bundestags vermittelt bzw., je nach politischem Standort, entweder kritisiert oder beworben – in jedem Fall aber in die Gesellschaft hineinkommuniziert.

Aufgabe eines Parlaments ist es, Politik öffentlich zu formulieren, in seinen Debatten politische Alternativen darzustellen und die Auseinandersetzung zwischen den im Parlament vertretenen politischen Kräften deutlich zu machen sowie die Bevölkerung über dies alles zu informieren. Dafür dienen vor allem die Plenardebatten. Eine ähnliche Funktion erfüllen auch die öffentlichen Anhörungen der Ausschüsse, allerdings nur für eine Teilöffentlichkeit. Dort werden in Anwesenheit von Vertreter:innen gesellschaftlicher Interessengruppen und geladener Expert:innen ausgewählte Politikfelder bearbeitet, Fachfragen erörtert und die jeweiligen politischen Positionen dargestellt, argumentativ begründet und beworben. Wenn z. B. im Ausschuss für Arbeit und Soziales eine Anhörung zum Kurzarbeitergeld in der Corona-Pandemie stattfand, erhielten dabei Verbände wie der Deutsche Gewerkschaftsbund oder die Bundesvereinigung der Deutschen Arbeitgeberverbände Gelegenheit zur Stellungnahme.

Kontakt zu Lobbyist:innen haben Abgeordnete nicht nur in solchen Anhörungen, sondern eigentlich während ihrer gesamten Parlamentsarbeit. ›Lobby‹ bezeichnete ursprünglich die Wandelhalle des Parlaments, in der sich Parlamentarier:innen und Nichtparlamentarier:innen zum Austausch miteinander treffen konnten. Lobbyist:innen sind Verbandsvertreter:innen, die versuchen, auf die Abgeordneten politisch einzuwirken. Obgleich der Begriff ›Lobbyarbeit‹ häufig negativ verstanden wird, ist es nicht nur völlig legitim, sondern für die Information der Abgeordneten auch überaus wichtig, dass sich alle Interessengruppen um Kontakte zum Parlament bemühen und ihre Probleme, Forderungen oder Vorschläge deutlich artikulieren. Das ist ein Wesensmerkmal pluralistischer Gesellschaften, in der einzelne Personen, aber auch Gruppen und Vereinigungen frei sind, ihre Interessen zu vertreten. Diese Möglichkeit nehmen beispielsweise Manager:innen der Automobilindustrie genauso wahr wie die Aktivist:innen von ›Fridays for Future‹.

Abb. 5: Der Bundestag erfüllt seine Kommunikationsfunktion wesentlich über die Medien (Quelle: Deutscher Bundestag, Hans-Günther Oed und Marc Beckmann).

Zur Kommunikationsfunktion des Parlaments tragen außerdem ganz wesentlich die Öffentlichkeitsarbeit der Abgeordneten, der Fraktionen und des Bundestags insgesamt bei. Dafür braucht es natürlich die transportierende und verstärkende Rolle der Massenmedien, also der Journalist:innen von Zeitungen, Rundfunk und Fernsehen. Jene haben in den letzten Jahren aber an Bedeutung eingebüßt, weil die sozialen Medien ein immer größeres Gewicht erlangt haben. Über die Social-Media-Kanäle können Abgeordnete und Parteien sich direkt, ohne Vermittlung durch die Medien, an die Öffentlichkeit wenden und eine große Resonanz entfalten. U.S.-Präsident Trump beispielsweise hat statt Journalist:innen zu einer Pressekonferenz einzuladen lieber den Kurznachrichtendienst Twitter verwendet, um über seine Positionen zu informieren.

Probleme bei der Erfüllung der Parlamentsfunktionen

Nicht immer werden die o. g. Funktionen des Parlaments reibungslos erfüllt. Es existieren Funktionsprobleme, die entweder bereits im Bauplan des politischen Systemen angelegt sind oder die sich durch den gesellschaftlichen und politischen Wandel der letzten Jahrzehnte entwickelt haben.

Bei der Wahlfunktion beispielsweise kollidieren das freie Mandat der Abgeordneten und die Tatsache, dass Parlamentarier:innen Parteipolitiker:innen sind, miteinander. Einerseits garantiert Art. 38 GG den Abgeordneten die Freiheit ihrer Entscheidungen und ihres Gewissens. In Abs. 1 Satz 2 heißt es über die Abgeordneten: »Sie sind Vertreter des ganzen Volkes, an Aufträge und Weisungen nicht gebunden und nur ihrem Gewissen unterworfen.« Andererseits sind Abgeordnete Parteimitglieder. Und nicht nur das, sie nehmen in ihren Parteien üblicherweise wichtige Leitungsaufgaben war. Abgeordnete sind in der Regel auch Parteiführer:innen. Sie haben diese Ämter auch deshalb inne, weil es die Parteien sind, welche die Kandidat:innen für die Parlamentswahlen aufstellen. Ohne die eigene Partei im Hintergrund sind Abgeordnete macht- und einflusslos. Daher fragen einige Kritiker:innen, ob die Kanzlerwahl tatsächlich frei ist oder faktisch durch die Parteien, die sich für die Bildung einer Koalition entschieden haben, vorbestimmt wird. ›Wahlkrimis‹ in einigen Landesparlamenten, in denen die Kandidat:innen für das Amt des oder der Regierungschef:in nicht gleich im ersten Wahlgang eine Mehrheit erhalten haben (z. B. nach den wiederholten Abgeordnetenhauswahlen in Berlin 2023), zeigen aber, dass die Abgeordneten in ihren Entscheidungen im Zweifel frei sind und der Einfluss der Parteien begrenzt sein kann.

Einige Schwierigkeiten bezüglich der Kontrollfunktion wurden bereits oben angesprochen. Sie lassen sich – etwas vereinfachend – in einem Satz zusammenfassen: Die Mehrheitsabgeordneten, welche die Regierung effektiv kontrollieren könnten, tun es nicht und die Oppositionsabgeordneten, welche die Regierung kontrollieren wollen, können es nicht. Hier spiegelt sich die Funktionslogik des parlamentarischen Regierungssystems wider, nach der die Regierung und die sie tragenden Mehrheitsparteien eine Handlungseinheit bilden. Die gemeinsame Mannschaftszugehörigkeit erschwert die Bereitschaft zur öffentlichen Kritik an den eigenen Mitspieler:innen. Die Abgeordneten in der Opposition dagegen sind aufgrund ihrer Minderheitenposition in ihren Kontrollmöglichkeiten beschränkt. Hinzu kommt der Vorsprung der Regierung an Informationen und Ressourcen gegenüber dem Parlament, der eine effektive Einflussnahme von Abgeordneten auf die Ministerien nicht selten zu einer Auseinandersetzung zwischen David und Goliath werden lässt. Auf der Bundesebene stehen gut 700 Abgeordnete etwa 33.000 Ministerialbeamt:innen gegenüber, die unmittelbar im Kanzleramt und den Bundesministerien angestellt sind;[9] Abgeordnete, die in der Regel

---

9 Mannewitz, Tom/Rudzio, Wolfgang (2022): Das politische System der Bundesrepublik Deutschland, 11. Auflage, Wiesbaden: Springer VS, S. 260.

Politik nur auf Zeit zu ihrem Beruf machen und als fachliche Laien ins Parlament starten, und Ministerialbeamte, deren Berufslaufbahnen langfristig verlaufen und die in spezialisierten Verwaltungsbereichen tätig sind.

Der Einfluss der Ministerialbeamt:innen prägt auch die Gesetzgebungsfunktion. Die Fachreferate in den Ministerien leisten einen großen Teil der Arbeit bei der Ausarbeitung und Formulierung von Gesetzesvorschlägen, bei der Erstellung der so genannten Referent:innen-Entwürfe. Auch viele neue Programminitiativen haben ihren Ursprung in den Fachreferaten. Entsprechend beklagen Abgeordnete häufig, dass Ministerialbeamt:innen einen zu starken inhaltlichen Einfluss auf parlamentarische Entscheidungen hätten. Der Parlamentarismusforscher Wolfgang Ismayr sieht dadurch erhebliche »Legitimations- und Steuerungsdefizite auch und gerade bei der Beteiligung an der Gesetzgebung.«[10] Das zeige sich meist bei Gesetzesvorhaben, die nicht im Brennpunkt der politischen Auseinandersetzung und damit der öffentlichen Aufmerksamkeit stehen. Seltene Einsichten in die wichtige Aufgabe der Ministerien bei der Formulierung von Gesetzen ermöglichte die Debatte um das Gebäudeenergiegesetz, das so genannte Heizungsgesetz, der Ampelkoalition im Frühjahr 2023. Durch das Fehlverhalten eines Staatssekretärs im Wirtschaftsministerium, dem die Bevorzugung von Freund:innen und Familienmitgliedern bei der Vergabe von Posten vorgeworfen wurde, erhielt auch die breitere Öffentlichkeit Einblicke in die Arbeitsweise eines Ministeriums. Es zeigte sich, dass Beamt:innen im doppelten Sinne einflussreich sind: als Entscheidungsträger:innen bei der Einstellung von anderen Ministerialbeamt:innen und als unverzichtbare Fachleute, in diesem Fall zur Gestaltung der Energiewende. Diese Verschiebung von Macht im Gesetzgebungsprozess weg vom Parlament wird als Entparlamentarisierung bezeichnet. Neben dem Verhältnis von Parlament und Verwaltung haben in den letzten Jahren eine Reihe weiterer Entwicklungen zur Entparlamentarisierung der

---

10 Ismayr, Wolfgang (2012): Der Deutsche Bundestag, 3. Auflage, Wiesbaden: Springer VS, S. 232.

Gesetzgebung beigetragen: die Übertragung von Gesetzgebungskompetenzen auf die europäische Ebene, die Vorfestlegung von parlamentarischen Entscheidungen durch die Parteien sowie die Auslagerung von Entscheidungen in Expert:innen-Kommissionen.

Als Hinweis auf Probleme bei der Erfüllung der Kommunikationsfunktion des Parlaments können die verbreitete Unzufriedenheit in der Bevölkerung mit Politiker:innen und Vorwürfe von Bürger:innen, dass ihre Interessen nicht ausreichend berücksichtigt würden, verstanden werden. Worin liegen die Gründe für diese Kommunikationsstörung? Darüber gehen die Meinungen auseinander. Die einen sehen Repräsentationslücken, werfen also den Parlamentarier:innen Versäumnisse in der Vertretung von Interessen aus der Bevölkerung vor. Die anderen betonen die Verantwortung auch der Bürger:innen: Gerade in den letzten Jahren hätten protestierende Gruppierungen zugenommen, die vor allem laut seien, ansonsten aber destruktiv und nicht diskursfähig. Die parlamentarische Demokratie aber ist angewiesen auf konstruktives Engagement auf der Basis der Werte des Grundgesetzes.

Eine andere Kritik bezüglich der Kommunikationsfunktion bezieht sich auf die Medienberichterstattung über das Parlament. Zunächst haben Volksvertretungen das Problem, überhaupt in den Massenmedien vorzukommen, weil sie mit anderen politischen (und auch nicht-politischen) Akteuren um Aufmerksamkeit konkurrieren. Häufig erhalten eher prominente Regierungsvertreter:innen Sendezeit in den Medien, nicht zuletzt aufgrund der Tatsache, dass die Regeln der Aufmerksamkeitsökonomie zur Personalisierung der politischen Berichterstattung beitragen. Darüber hinaus ist die Medienberichterstattung über Parlamente geeignet, in der Öffentlichkeit ein Zerrbild der Aufgaben von Abgeordneten und über die Arbeit der zentralen Institution unseres politischen Systems entstehen zu lassen. Weil meistens über die Plenarsitzungen berichtet wird, gehe verloren, was Parlamentarier:innen – z. B. in den Ausschüssen oder ihren Wahlkreisen – hauptsächlich tun. Außerdem entstehe das Bild eines Parlaments, in dem der parteipolitische Streit an der Tagesordnung sei, nicht aber sachkundige Entscheidungen getroffen werden.

Literatur

Ismayr, Wolfgang (2012): Der Deutsche Bundestag, 3. Auflage, Wiesbaden: Springer VS.
Patzelt, Werner J. (Hrsg.) (2003): Parlamente und ihre Funktionen. Institutionelle Mechanismen und institutionelles Lernen im Vergleich, Wiesbaden: Westdeutscher Verlag.
Marschall, Stefan (2016): Parlamentarismus. Eine Einführung, 2. Auflage, Baden-Baden: Nomos, insbesondere Kap. III.
Beyme, Klaus von (2014): Die parlamentarische Demokratie. Entstehung und Funktionsweise 1789–1999, 4. Auflage, Wiesbaden: Springer VS.

4 Wie die Abgeordneten ins Parlament gelangen

In der 20. Wahlperiode arbeiten 736 Bundestagsabgeordnete an den im vorhergehenden Kapitel dargestellten Aufgaben. Das sind 138 Parlamentarier mehr als die Regelgröße des Bundestags, die bei 598 Mandatsträger:innen liegt. Bereits in den letzten Legislaturperioden war die Zahl der Mitglieder des Bundestags angewachsen, aber so groß wie nach den Wahlen im Jahr 2021 war das Parlament noch nie. Daher wurde seit einigen Jahren immer wieder über eine Wahlrechtsreform diskutiert. Der 20. Bundestag hat eine Kommission eingesetzt, um Reformvorschläge zum Wahlrecht und insbesondere für eine Verkleinerung des Parlaments zu unterbreiten. Im März 2023 hat das Parlament dann auf Grundlage der Kommissionsempfehlungen mit der Mehrheit der Ampelkoalition aus SPD, Grünen und FDP ein neues Wahlgesetz beschlossen. Warum ist der Bundestag so groß geworden und warum ist eine Verkleinerung nicht eher erfolgt? Zur Beantwortung dieser Fragen müssen wir zunächst mit den Grundzügen des Wahlrechts zum Deutschen Bundestag vertraut sein, wie es in den letzten Jahrzehnten gültig war. Danach werfen wir einen Blick auf das neue Wahlrecht, das zu einer Deckelung der Zahl der Abgeordneten führen soll.

Personalisierte Verhältniswahl mit den bis zur Bundestagswahl 2021 gültigen Regelungen

Die Abgeordneten des Deutschen Bundestags werden nach der so genannten personalisierten Verhältniswahl gewählt. Dieses Wahlsystem kombiniert das Prinzip der Verhältniswahl mit Elementen des Mehrheitswahlrechts. Grundidee der Verhältniswahl ist, dass Parlamentssitze proportional zu den errungenen Wählerstimmen vergeben werden. Beim Mehrheitswahlrecht dagegen erringen die Kandidat:innen mit den meisten Stimmen in einem Wahlbezirk einen Parlamentssitz. Nach dem bundesdeutschen Wahlrecht verfügen die Wähler:innen – seit den Bundestagswahlen 1953 – über zwei Stimmen. Die *Erststimme* wird auf Wahlkreisebene vergeben. Mit ihr entscheiden die Wähler:innen, wer im Bundestag den Wahlkreis vertritt, von denen es zuletzt 299 gab. Gewählt ist in einem Wahlkreis, wer dort die relative Mehrheit der Stimmen erzielt. Auf diese Weise wird jede Region Deutschlands im Bundestag von einem Abgeordneten vertreten.

Trotz ihres Namens wichtiger als die Erststimme ist die *Zweitstimme*. Mit ihr entscheiden die Wähler:innen darüber, wie viele Parlamentssitze einer Partei zustehen, also über die Sitzverteilung im Bundestag. Einfach gesagt erhält eine Partei, die beispielsweise 20 % der Stimmen erringt, 20 % der Sitze im Bundestag. Dies gilt allerdings nur dann, wenn die Partei mindestens 5 % der bundesweit abgegebenen Stimmen gewinnt (5 %-Klausel bzw. Sperrklausel). Ersatzweise konnten Parteien bislang auch an der Sitzverteilung beteiligt werden, wenn sie mindestens drei Direktmandate errungen hatten (Grundmandatsklausel). So erging es der Partei Die Linke bei den Wahlen 2021: Sie erhielt nur 4,9 % der Stimmen, gewann aber drei Wahlkreise. Daher zog die Partei mit allen entsprechend dem gewonnenen Prozentanteil erzielten Abgeordnetensitzen in das Parlament ein. Hätte die Linke keine drei Direktmandate errungen, wären die übrigen Wählerstimmen bei der Sitzverteilung unberücksichtigt geblieben.

4 Wie die Abgeordneten ins Parlament gelangen

Abb. 6: Muster-Stimmzettel für die Wahl zum Deutschen Bundestag im Wahlkreis 18 Hamburg am 26.09.2021 (Ausschnitt).

Mit ihrer Zweitstimmen wählen die Wähler:innen Landeslisten der Parteien, also eine Liste von Kandidat:innen, welche die Parteien in den Bundesländern aufstellen. Aus der Sicht der Kandidat:innen ist es wichtig, welchen Listenplatz sie erhalten, weil die Sitze entsprechend den gewonnenen Zweitstimmen beginnend mit dem ersten Listenplatz vergeben werden. Daher führen die Spitzenkandidat:innen und prominente Politiker:innen diese Listen in der Regel an.

Sitzverteilung

Wie wurde die Sitzverteilung des 20. Bundestags ermittelt? Die 598 Parlamentssitze wurden nach der Bevölkerungszahl auf die Länder verteilt. Das bevölkerungsreichste Land, Nordrhein-Westfalen, hatte 2021 127 Sitze, das kleinste Land, das Saarland, sieben. Baden-Württemberg z. B. entsendete 77 Abgeordnete. Diese Sitze wurden auf die Parteien verteilt, so dass es ihrem Zweitstimmenanteil im Bundesland entsprach. Das zeigt für das Beispiel Baden-Württemberg die Tabelle 1.

Tab. 1: Verteilung der Bundestagssitze in Baden-Württemberg nach den Bundestagswahlen 2021

Partei	Zweit-stimmen	Zweit-stimmen in %	Sitze (entspr. Stimmenanteil)	Direkt-mandate	Aus-gleichs-mandate	Sitze (endgültig)
CDU	1,48 Mio.	24,8 %	21	33	–	33
SPD	1,29 Mio.	21,6 %	18	1	4	22
Grüne	1,02 Mio.	17,2 %	14	4	4	18
FDP	0,91 Mio.	15,3 %	13	0	3	16
AfD	0,57 Mio.	9,6 %	8	0	2	10
Linke	0,19 Mio.	3,3 %	3	0	–	3
Summe	*5,46 Mio.*		*77*	*38*	*13*	*102*

Quelle: Landeszentrale für politische Bildung Baden-Württemberg, https://www.bundestagswahl-bw.de/sitzberechnung-btw, Zugriff: 23.05.2023.

An diesem Beispiel wird auch ersichtlich, wie es zur Vergrößerung des Parlaments kommt. Wenn eine Partei mehr Direktmandate gewinnt, als ihr nach dem Zweitstimmenanteil an Sitzkontingent zusteht, erhöht sich deren Sitzanzahl. Das war in Baden-Württemberg bei der CDU der Fall; prozentual hätten ihr 21 Sitze zugestanden, aufgrund der Direktmandate wurden daraus aber 33. Diese Mandate bezeichnet man als *Überhangmandate*. Damit war die Vergrößerung des Parlaments aber noch nicht beendet. Das Wahlrecht sah nämlich vor, dass die Mandatszahl einer Partei direkt proportional zu ihrem Anteil an Zweistimmen sein musste. Die Wirkung der Überhangmandate musste also sozusagen neutralisiert werden. Wenn eine Partei 20 % der Zweistimmen gewonnen hatte, musste sie auch 20 % der Bundestagssitze erhalten. Daher wurde die Zahl der Bundestagssitze so lange erhöht, bis die Verteilung der Sitze im Bundestag der bundesweiten Verteilung der Zweistimmen entsprach. Durch diese *Ausgleichsmandate* wurde der Bundestag nochmals größer.

Die Berechnung dieser Sitzverteilung geschah nach dem Berechnungsverfahren ›Sainte-Laguë/Schepers‹. Es ist nach dem französischen Mathematiker André Sainte-Laguë benannt, der es zum Beginn des 20. Jahrhunderts vorstellte. Der zweite Name geht auf die Einführung des Verfahrens im Deutschen Bundestag zurück, für die Hans Schepers vom Wissenschaftlichen Dienst des Bundestags verantwortlich war. Wer sich für die Rechenmethode im Detail interessiert, findet auf der Website der Landeszentrale für politische Bildung Baden-Württemberg ein ausführliches Zahlenbeispiel.

Sitzberechnung nach Bundestagswahlen

Vergrößerung des Bundestags

Warum aber stellt das Anwachsen des Bundestags insbesondere in den letzten Legislaturperioden ein Problem dar und nicht bereits früher, wird doch seit der zweiten Bundestagswahl 1953 mit dem personalisierten Verhältniswahlrecht gewählt? Dafür gibt es zwei Erklärungen, eine gesellschaftspolitische und eine juristische.

In den letzten Jahrzehnten hat die Anzahl der Parteien in den deutschen Parlamenten zugenommen. In den 1970er Jahren gab es im Bundestag drei Fraktionen (CDU/CSU, SPD, FDP), zum Beginn der 20. Legislaturperiode waren es sechs, weil über die Jahre noch die Grünen, die Linke und die AfD hinzugekommen sind. Die beiden größten Parteien, CDU/CSU und SPD, haben zugunsten der kleineren Parteien Wähleranteile verloren, ihre Zweitstimmenergebnisse gehen tendenziell zurück. Trotzdem gewinnen sie immer noch relativ viele Direktmandate. Je mehr Parteien im Bundestag vertreten sind, desto eher kommt es zu Überhangmandaten, die wiederum Ausgleichsmandate nach sich ziehen. Wahlrechtsexpert:innen formulieren folgende Faustregel: Liegt die stärkste Partei mehr als 10 % vor der zweitstärksten, gewinnt die erste nahezu alle Direktmandate. Wenn die stärkste Partei aber gleichzeitig weit unter 50 % der Zweitstimmen liegt, waren beim alten Wahlrecht viele Ausgleichsmandate notwendig.

Der juristische Grund für das Anwachsen des Bundestags ist ein Urteil des Bundesverfassungsgerichts aus dem Jahr 2008. Damals urteilte das Gericht, dass das bisherige Wahlrecht die Gleichheit der Wahl verletzt. Ausgangspunkt für das Urteil war ein paradoxer Effekt, der in Einzelfällen auftreten konnte und der als negatives Stimmgewicht bezeichnet wird. In Fällen, in denen eine Partei in einem Bundesland mehr Direkt- als Listenmandate gewonnen hatte, konnte es nämlich passieren, dass sie bundesweit einen Parlamentssitz verlor, wenn sie in einem Wahlkreis eine bestimmte Anzahl an Zweitstimmen übertraf. Das lag an den komplizierten Detailregelungen zur Verrechnung der Mandate. In seinem Urteil verpflichte das Bundesverfassungsgericht den Bundestag als Gesetzgeber zu einer Korrektur des Wahlrechts. Bei dieser Neuregelung kam die Einführung der Ausgleichsmandate heraus, die es bis zur Bundestagswahl 2013 noch nicht gegeben hatte, um die Überhangmandate zu neutralisieren. Bei den Wahlen 2013 zogen 631 Abgeordnete in den Bundestag ein, davon vier Überhangmandate und 29 Ausgleichsmandate. Die

4 Wie die Abgeordneten ins Parlament gelangen

Abb. 7: Das Anwachsen des Bundestags hat zusätzlichen Platzbedarf geschaffen (Quelle: Deutscher Bundestag, Lichtblick/Achim Melde).

Neuregelung führte dazu, dass es bei der Bundestagswahl 2017 dann 46 Überhangmandate und 65 Ausgleichsmandate gab und damit 709 Abgeordnete in den Bundestag einzogen.

Wahlrechtsreform

Trotz dieses ›Aufblähens‹ gelang es den Parteien in den beiden letzten Wahlperioden nicht, sich auf eine weitere Reform des Wahlrechts zu einigen, die das Anwachsen des Bundestags verhindert hätte. Vor den Wahlen 2021 wurde lediglich ein kleiner Reformschritt gegangen: Überhangmandate wurden nun teilweise mit Listenmandaten verrechnet, nämlich insofern bei einer Überschreitung der Regelgröße des Bundestags auf jeder Landesliste bis zu drei Überhangmandate nicht durch Ausgleichsmandate kompensiert wurden. Bekanntermaßen verhinderte auch diese Regelung nicht, dass der 20. Deutsche Bundestag mit 736 Abgeordneten größer wurde als jemals zuvor.

Warum war es so schwierig, zu einer wirksamen Reform des Wahlrechts zu gelangen? Weil Wahlrechtsfragen Machtfragen sind, d. h. die Ausgestaltung des Wahlrechts beeinflusst die Chancen der Parteien unterschiedlich. Jene Parteien, die viele Direktmandate gewinnen, betonen die Vorzüge der personalisierten Verhältniswahl. Sie wollen an den Direktmandaten festhalten. Zuletzt haben von den Direktmandaten vor allem die Unionsparteien profitiert. 2017 gewannen sie 231 der 299 Wahlkreise, im Jahr 2021 waren es für CDU/CSU 143 Direktmandate. Die kleineren Parteien sprechen sich dagegen eher für eine Zusammenlegung von Wahlkreisen aus, um damit die Zahl der Direktmandate zu senken und den Bundestag zu verkleinern. Die Befürworter des bisherigen Wahlkreiszuschnitts argumentieren dagegen, dass in größeren Wahlkreisen eine angemessene Repräsentation durch Abgeordnete nicht mehr möglich sei. Vor allem in den großen Flächenländern bestünde dann die Gefahr, dass die Abgeordneten den Kontakt zu den Bürger:innen verlieren würden.

Andere Konflikte erstrecken sich auf die Frage des Wahlalters und die gleichberechtigte Repräsentation von Männern und Frauen im Parlament. Die Absenkung des Wahlalters auf 16 Jahren bei Bundestagswahlen lehnen CDU/CSU und AfD bislang strikt ab. Auch eine verbindliche Paritätsregelung, also ein Verfahren, das sicherstellt, dass im Bundestag zukünftig genauso viele Frauen wie Männer vertreten sind, wird von den beiden Parteien und auch der FDP abgelehnt (▶ Infoboxen unten).

Wählen mit 16?
Über das politische Engagement junger Leute ist in den letzten Jahren viel gesprochen worden; ›Fridays for Future‹ und ›Die letzte Generation‹ beispielsweise waren nicht nur Thema in den Medien,

sondern auch an vielen Familientischen. Insbesondere bei ›Fridays for Future‹ haben auch viele unter 18-Jährige mitdemonstriert. Sie engagieren sich politisch, aber ihre Stimme bei Bundestagswahlen dürfen sie nicht abgeben. Soll das Wahlalter daher auf 16 Jahre gesenkt werden? Darüber ist auch deshalb eine Debatte entbrannt, weil bei einigen anderen Wahlen das Wählen ab 16 bereits möglich ist. In sechs Ländern (Baden-Württemberg, Bremen, Brandenburg, Hamburg, Mecklenburg-Vorpommern, Schleswig-Holstein) dürfen junge Menschen ab 16 Jahren an den Landtagswahlen teilnehmen. In elf Ländern haben sie das Wahlrecht bei den Kommunalwahlen und bundesweit zukünftig auch ein Stimmrecht bei den Europawahlen. Für die Bundestagswahlen konnten sich die Befürworter:innen einer Absenkung des Wahlalters bislang nicht durchsetzen.

Der Politikwissenschaftler Thorsten Faas hat vor allem zwei Streitpunkte in der Diskussion ausgemacht: institutionell-rechtliche Argumente und Reife- und Einstellungsargumente. Im ersten Fall wird vor allem darüber gestritten, ob es sinnvoll ist, das Wahlalter von der Volljährigkeit zu entkoppeln. Im zweiten Fall wird die Frage debattiert, ab wann junge Menschen über die nötige Reife für eine verantwortungsvolle Wahlentscheidung verfügen. Interessanterweise wird aber nicht generell über die ›Wahlreife‹ von Menschen, sondern nur über die von Schüler:innen diskutiert, denn bekanntermaßen gibt es vor Wahlen keine Reifetests für alle Wähler:innen.

Faas, Thorsten/Könneke, Anton (2021): Wählen ab 16? Pro und Contra, in: Aus Politik und Zeitgeschichte, B. 38–39, S. 29–35, https://www.bpb.de/shop/zeitschriften/apuz/jugend-und-protest-2021/340349/waehlen-ab-16, Zugriff: 23.05.2023.

Wenn die Verständigung auf eine Wahlrechtsreform so schwierig ist, warum beließ man es dann nicht einfach bei den bisherigen Regelungen? Bei allem Streit bestand Einigkeit über die Notwendigkeit, die Zahl der Abgeordneten wieder zu reduzieren. Je größer das Parlament sei, umso eher bestehe die Gefahr einer Beeinträchtigung seiner Arbeitsfähigkeit. Mit vielen Abgeordneten sei es schwieriger, einen echten politischen Diskurs zu organisieren. Besonders in den Ausschüssen würde sich das zeigen, wenn aus effizient arbeitenden Runden große Gremien würden. Ein anderes Argument betraf die höheren Ausgaben, die ein größeres Parlament verursacht, ohne dass mit der Vergrößerung ein Vorteil verbunden wäre. Verbreitet war auch die Befürchtung, dass die hohen Kosten das Ansehen des Parlaments als zentrales Organ unserer Demokratie beschädigen könnten.

Wahlrechtsänderungen nach dem Wahlgesetz von 2023

Im Frühjahr 2023 legte die Ampelkoalition nach langen Debatten einen Gesetzentwurf für eine Wahlrechtsreform vor. Vorrangiges Ziel der Reform ist die Reduzierung der Zahl der Bundestagsabgeordneten. Der Gesetzentwurf der Koalition wurde am 17. März 2023 in namentlicher Abstimmung (▶ Kap. 5, Infobox »Abstimmungen«) mit großer Mehrheit angenommen. Bis auf zwei SPD-Parlamentarier stimmten alle Abgeordneten von SPD, Grünen und FDP sowie drei AfD-Abgeordnete und ein fraktionsloses Mitglied des Bundestags für das Gesetz. Die Abgeordneten von CDU/CSU und der Linken sowie die meisten AfD-Parlamentarier:innen stimmten gegen die Vorlage.

Mit der Neufassung des Wahlrechts soll die Zahl der Bundestagsmandate verlässlich auf 630 Sitze begrenzt werden. Daher wird es zukünftig keine Überhang- und Ausgleichsmandate mehr geben. Eine Folge dieses Verzichts wird es sein, dass nicht mehr alle Direktkandidat:innen, die in ihrem Wahlkreis die Mehrheit der Erststimmen errungen haben, auch tatsächlich in den Bundestag einziehen. Denn

Direktkandidat:innen wird ein Mandat nur noch dann zugeteilt, wenn dies durch das Zweitstimmenergebnis gedeckt ist. Dazu wird wie folgt verfahren: Wie bei den bisherigen Wahlen wird es weiter 299 Wahlkreise geben und die Wähler:innen werden weiter zwei Stimmen haben. Die Zweitstimme geben die Wähler:innen, wie bislang, für eine Partei ab und entscheiden damit über die proportionale Verteilung der Mandate an die Parteien. Ebenfalls wie bisher werden mit der Erststimme in den Wahlkreisen Direktkandidat:innen gewählt. Diese erhalten ihr Mandat aber nicht in jedem Fall. Stellt nämlich eine Partei in einem Bundesland mehr Wahlkreissieger:innen als ihrem Zweitstimmenergebnis entspricht, werden weniger von ihnen bei der Zuteilung der Mandate berücksichtigt. Maßgeblich für die Mandatszuteilung ist die Reihenfolge der Ergebnisse bei den Wahlkreisstimmen. Das heißt, dass in den Fällen, in denen es mehr Wahlkreissieger:innen gibt als einer Partei nach dem Zweitstimmenergebnis zustehen, die Wahlkreiskandidat:innen mit den wenigsten Stimmen keine Mandate erhalten. Umgekehrt formuliert: Nur die Wahlkreisgewinner:innen mit den besten Ergebnissen kommen ins Parlament.

Als Grund für die Erhöhung der derzeitigen Sollgröße von 598 Abgeordneten auf zukünftig 630 Volksvertreter:innen gaben die Ampelkoalitionäre an, damit würde die Wahrscheinlichkeit erhöht, allen Wahlkreisbewerber:innen, auf die die Mehrheit der Erststimmen entfällt, auch einen Sitz im Bundestag zuweisen zu können.

> **Streit um das Wahlrecht**
> »Großes Schurkenstück«, »Anschlag aufs Wahlrecht« oder »grundlegende und überfällige Reform«, »fair und verfassungsgemäß«? So kontrovers klang es während der Plenardebatte über die Wahlreform im März 2023. Die Heftigkeit des Streites um das Wahlrecht zwischen den Parteien verwundert nicht, schließlich hängen von der Ausgestaltung des Wahlsystems die zukünftigen Wahlchancen der Parteien ab. Wer sich über die Positionen der Parteien informieren will, kann die Plenardebatte im Bundestag

anschauen. Alle Redebeiträge sind durchs Scannen des QR-Codes aufrufbar.

 Bundestagsdebatte zur Wahlrechtsreform

Aber auch unter Wahlrechtsexpert:innen, seien es Jurist:innen oder Politikwissenschaftler:innen, gibt es Debatten um die beste Form des Wahlrechts. Diese Positionen wurden u. a. in der Anhörung (▶ Kap. 5) des Bundestags sichtbar. Die unterschiedlichen Stellungnahmen sind über obigen QR-Code bei der Überschrift ›Anhörung‹ zu finden. Zwei interessante unterschiedliche Auffassungen zur Wahlrechtsreform vertreten diese beiden Autoren:

Rennert, Dominik (2023): Ein ernsthafter Fehler, VerfBlog, 3/17, https://verfassungsblog.de/ein-ernsthafter-fehler, Zugriff: 23.05.2023.
Schönberger, Christoph (2023): Ein Nachruf ohne Tränen: Das Ende der Grundmandatsklausel, VerfBlog, 3/18, https://verfassungsblog.de/ein-nachruf-ohne-tranen, Zugriff: 23.05.2023.

Außerdem sieht die Wahlrechtsreform eine weitere – weitgehende – Änderung vor: Die so genannte Grundmandatsklausel wird abgeschafft. Parteien, die nicht über die 5 %-Hürde kommen, werden zukünftig nicht im Parlament vertreten sein, selbst wenn sie drei Direktmandate gewinnen. Alle Direktmandate verfallen, wenn eine Partei an der 5 %-Klausel scheitert.

Insbesondere dieser Wegfall der Grundmandatsklausel führte sowohl in der Plenardebatte als auch in den öffentlichen Diskussionen über die Wahlrechtsreform zu heftigen Auseinandersetzungen, so dass die Regierungsmehrheit keine anderen Fraktionen für ihren Gesetzesvorschlag gewinnen konnte. Weil insbesondere die CSU und die Linke vom Wegfall der Grundmandatsklausel am ehesten betroffen sein könnten, regte sich aus ihren Reihen der stärkste Widerstand mit deutlichen Attacken gegen die das Gesetz vorschlagenden Ampelparteien. Die Linke hatte bei den letzten Wahlen von der Grundmandatsklausel profitiert und war nur aufgrund des Gewinns von drei Wahlkreisen in den Bundestag eingezogen. Die CSU gewinnt zwar in Bayern bei Bundestagswahlen verlässlich fast alle Wahlkreise, lag aber bei den Wahlen 2021 im Bundesdurchschnitt bei nur 5,2 % der Stimmen, also gar nicht so weit entfernt von der 5 %-Hürde. Entsprechend warfen Vertreter:innen beider Parteien den Regierungsfraktionen vor, mit ihrer Wahlrechtsreform unliebsame Konkurrenz aus dem Weg räumen und der Opposition schaden zu wollen. CDU/CSU und Linke kündigten Klage gegen das Wahlgesetz vor dem Bundesverfassungsgericht an. Die Redner:innen der Regierungsmehrheit dagegen betonten, dass das neue Wahlrecht bewusst das System des Verhältniswahlrechts stärke und Verzerrungen des Zweitstimmenergebnisses möglichst weitgehend ausgeschlossen werden sollen.

Ein weiterer Streitpunkt: Benötigen wir ein paritätisches Wahlrecht?
In den Debatten um ein zeitgemäßes Wahlrecht ging es zuletzt nicht nur um die Größe des Bundestags, sondern auch um die gleichberechtigte Vertretung von Männern und Frauen im Parlament (▶ Kap. 7). Eine Möglichkeit, die zuletzt diskutiert wurde, um zu einer besseren Repräsentanz von Frauen in den Parlamenten zu gelangen, sind so genannte Parité-Gesetze. Sie verpflichten die Parteien, auf ihren Listen gleich viele Kandidatinnen und Kandidaten aufzustellen. In verschiedenen europäischen Staaten existieren entsprechende Regelungen bereits, schon seit langem z. B. in Frankreich. In Deutschland haben bislang die Länder Brandenburg und Thüringen Parité-Gesetze für ihre Landtagswahlen verabschiedet. In beiden Fällen wurden die Gesetze aber von den zuständigen Landesverfassungsgerichten als verfassungswidrig erklärt. Begründung: Sie verstoßen gegen die Grundprinzipien der Wahlgleichheit und der freien Wahl. Auch auf der Bundesebene

gibt es – vor allem von Frauen getragene – Initiativen, die sich für die Einführung eines Paritätsgesetzes einsetzen.

Pro:
Art. 3, Abs. 2 GG besagt, dass Männer und Frauen gleichberechtigt sind, und fordert darüber hinaus ein aktives Einwirken des Staates auf die Beseitigung bestehender Nachteile von Frauen. Dieser wichtige Grundgesetzartikel rechtfertige Eingriffe in das Parteien- und Wahlrecht, um den geringen Anteil von Frauen in den Parlamenten mit den Mitteln des Wahlrechts zu beseitigen.

Contra:
Parité-Gesetze beschränken die Freiheit der Wahl und die Freiheit der Parteien. Zur Wahlfreiheit gehöre auch das Recht der Wähler:innen, mehr Frauen oder mehr Männer ins Parlament schicken zu wollen. Wenn die Parteien gesetzlich verpflichtet sind, ihre Wahllisten mit einer bestimmten Anzahl von Frauen oder Männern zu besetzen, schränke das die Wahlvorschlagsfreiheit der Parteien ein.

Laskowksi, Silke Ruth (2021): Paritätisches Wahlrecht – warum?, in: Hering, Hendrik (Hrsg.): Parlamentarische Demokratie heute und morgen. Erwartungen, Herausforderungen, Ideen, Frankfurt/Main: Wochenschau Verlag, S. 179–208.

Literatur

Bundeswahlleiterin (o. J.): Wahl-Lexikon, https://www.bundeswahlleiterin.de/service/glossar.html, Zugriff: 23.05.2023.
Korte, Karl-Rudolf (2021): Wahlen in Deutschland. Grundsätze, Verfahren und Analysen, Bonn: Bundeszentrale für politische Bildung.

Nohlen, Dieter (2023): Wahlrecht und Parteiensystem. Zur Theorie und Empirie der Wahlsysteme, 8. Auflage, Opladen: Verlag Barbara Budrich.
Behnke, Joachim/Grotz, Florian/Hartmann, Christof (2016): Wahlen und Wahlsysteme, Berlin: De Gruyter.

5 Welche Gremien Parlamente haben

Die wichtigsten Akteure in deutschen Parlamenten der Gegenwart sind die Fraktionen. Ohne die Fraktionen könnten die o. g. Parlamentsfunktionen (▶ Kap. 3) nicht erfüllt werden. Weder die einzelnen Abgeordneten noch das Parlament insgesamt können diese Aufgaben erledigen; dafür bedarf es der Fraktionen. Die Fraktionen bündeln einerseits die Aktivitäten der vielen Abgeordneten und stellen ihnen andererseits arbeitsteilige Strukturen für ihre politische Arbeit zur Verfügung. Daher wird der Deutsche Bundestag oft als ›Fraktionenparlament‹ bezeichnet.

Die Fraktionen bilden sich jeweils zum Beginn der Wahlperiode. Mindestens 5 % der Abgeordneten des Bundestags müssen sich dafür zusammentun. Maßgeblich ist dabei nicht der Anteil einer Partei an den Zweitstimmen, sondern der Anteil an den Sitzen des Bundestags. Daher konnte die Linke nach den Wahlen 2021 eine Fraktion bilden. Sie erhielt zwar nur 4,9 % der Simmen, die 39 Mandate der Linken entsprachen aber 5,3 % der Bundestagssitze. Fraktionen haben Rechte, die einzelne fraktionslose Abgeordnete nicht haben: Nur sie können Gesetzesentwürfe einbringen, Anträge stellen oder Große Anfragen an die Regierung richten. Daher ist es nicht attraktiv, fraktionslos ohne Einfluss im Parlament zu arbeiten. Fraktionslose Abgeordnete gibt es darum nur in Ausnahmefällen, etwa wenn Parlamentarier:innen die Politik ihrer Fraktion nicht mehr mittragen wollen und aus ihrer Fraktion ausscheiden. Das betraf in der 19. Wahlperiode (2017–2021) insgesamt neun Abgeordnete, allein sechs davon aus der AfD, was das in dieser Fraktion vorhandene Streitpotenzial zeigt. Abgeordnete, deren Zusammenschluss die Fraktionsmindeststärke nicht erreicht, können sich zu einer so genannten Gruppe zusammenschließen, wenn der Bundestag dem zu-

5 Welche Gremien Parlamente haben

stimmt. Gruppen haben nicht die gleichen Rechte wie Fraktionen, aber mehr als fraktionslose Abgeordnete. Gruppen können auch entstehen, wenn Fraktionen durch den Austritt von Abgeordneten die vorgeschriebene Mindestgröße einbüßen. Das geschah, als Ende 2023 etliche Mitglieder der Linken beschlossen, ihre bisherige Partei und Fraktion zu verlassen und sich der Partei Bündnis Sahra Wagenknecht (BSW) anzuschließen.

Fraktionen, Koalition
Fraktionen sind Zusammenschlüsse von Abgeordneten, die in der Regel derselben Partei angehören. Sie arbeiten im Parlament zusammen, um ihre gemeinsamen Interessen zu vertreten. Auch Mitglieder verschiedener Parteien, die gleichgerichtete politische Ziele verfolgen, können sich zu einer Fraktion zusammenschließen. Daher bilden im Bundestag Abgeordnete der CDU und der CSU eine gemeinsame Fraktion. Zum Beginn der 20. Wahlperiode gehörten dem Deutschen Bundestag sechs Fraktionen an: SPD, CDU/CSU, Bündnis 90/Die Grünen, FDP, AfD, Die Linke.

Schließen sich verschiedene Parteien und ihre Fraktionen auf Zeit zu einem Bündnis zusammen, um eine gemeinsame Regierung zu bilden, wird das *Koalition* genannt. In der 20. Wahlperiode stellen die SPD, die Grünen und die FDP die Regierung. Mit insgesamt 416 Sitzen verfügen sie über rund 57 % der Plätze im Bundestag.

Wie die Arbeit in einer Fraktion organisiert ist, regelt eine Geschäftsordnung, die sich die Fraktionen zum Beginn der Wahlperiode geben. Dies geschieht aber nicht jedes Mal nach einer Wahl von neuem, sondern die Geschäftsordnung aus der vorhergehenden Wahlperiode wird von der neuen Fraktion im Regelfall übernommen und ggf. mit einigen Veränderungen angepasst.

Fraktionen haben die Größe von kleinen oder mittleren Unternehmen. In den größeren Fraktionen (SPD und CDU/CSU) kommen um die 200 Abgeordnete zusammen (▶ Abb. 8). Schon allein aufgrund dieser Größe lässt sich die politische Arbeit einer Fraktion nicht während des gemeinsamen Treffens aller Fraktionsmitglieder, also in der Fraktionsversammlung, bewältigen. Daher gibt es weitere Gremien, die für die Organisation und Steuerung der Fraktionsarbeit zuständig sind – die Fraktionsvorstände –, und solche, in denen arbeitsteilig die verschiedenen Politikfelder bearbeitet werden. Das sind die Fraktionsarbeitsgruppen oder -kreise. Die Grundstruktur in allen Fraktionen ähnelt sich.

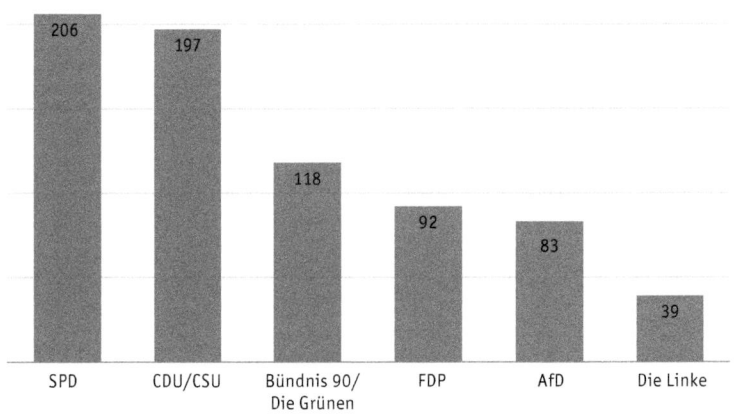

Abb. 8: Fraktionen und Sitzanzahl im Deutschen Bundestag zu Beginn der 20. Wahlperiode (außerdem wurde ein Abgeordneter des Südschleswigschen Wählerverbandes gewählt; Quelle: Die Bundeswahlleiterin).[11]

---

11 Aufgrund von Aus- und Übertritten einzelner MdBs verändert sich die Sitzverteilung während einer Legislaturperiode häufig leicht. In der 20. Wahlperiode gab es aufgrund der Auflösung der Fraktion Die Linke sogar weitreichende Änderungen. Die aktuelle Sitzverteilung ist einer interaktiven Darstellung des Deutschen Bundestages zu entnehmen (https://www.bundestag.de/parlament/plenum, Zugriff: 30.01.2024).

Unterwegs mit Abgeordneten in eine Berliner Sitzungswoche

Es ist also einerseits erforderlich, die Fraktionen und ihre Gremien näher zu betrachten, und andererseits, die Gremien des Parlaments insgesamt zu kennen. In diesem Unterkapitel werden drei fiktive Mitglieder des Bundestags (MdBs) durch eine Berliner Sitzungswoche begleitet, um die Aufgaben und Arbeitsweise wichtiger Gremien des Bundestags praxisnah darzustellen (Tabellen 2 und 3 zeigen die betrachteten Gremien im Überblick).

Florian Neustadt ist ein Abgeordneter ohne herausgehobene Ämter, der neu in den Bundestag gewählt wurde und einer Oppositionsfraktion angehört.

Meike Marschall gehört als Abgeordnete ebenfalls einer Oppositionsfraktion an, zählt aber als Parlamentarische Geschäftsführerin zum engsten Führungskreis ihrer Fraktion.

Sebastian Ackermann ist Mitglied einer Regierungspartei und wurde als einer der Arbeitskreisvorsitzenden seiner Fraktion gewählt.

Ausgewählt wurden diese drei Abgeordnetentypen, weil sich an ihren unterschiedlichen Funktionen und Fraktionszugehörigkeiten die unterschiedlichen Tätigkeitsprofile von Parlamentarier:innen beschreiben lassen. Bei allen Gemeinsamkeiten unterscheidet sich nämlich die Arbeit zwischen Abgeordneten der Regierungs- und der Oppositionsfraktionen sowie zwischen Abgeordneten mit und ohne Führungsaufgaben.

Tab. 2: Fraktionsgremien

Gremium	Zusammensetzung	Aufgabe
Fraktionsversammlung	Alle Abgeordneten einer Fraktion	Verbindliche Entscheidung über alle Angelegenheiten der Fraktion (Sach-, Verfahrens- und Personalfragen)
Fraktionsvorstand	Fraktionsvorsitzende:r, stellvertretende Vorsitzende, Parlamentarische Geschäftsführer:innen, teilweise ergänzt um weitere Akteur:innen wie die Vorsitzenden der Arbeitsgruppen	Organisation und Steuerung der Fraktionsarbeit, Geschäftsführung
Arbeitskreise bzw. -gruppen	Abgeordnete, die für ein Fachgebiet zuständig sind und dieses in den Ausschüssen vertreten	Bearbeitung einzelner Politikfelder
Landes- u. Flügelgruppen	Abgeordnete, die aus einem Bundesland kommen (Landesgruppe); Parlamentarier:innen, die bestimmte politische Grundüberzeugungen teilen (Flügelgruppen)	Koordination länderspezifischer (Landesgruppen) bzw. weltanschaulicher und politischer Interessen (Flügelgruppen)

Quelle: eigene Zusammenstellung.

In den Sitzungswochen des Bundestags reisen die Abgeordneten für gewöhnlich im Laufe des Montagvormittags nach Berlin. Viele von ihnen kommen am Hauptbahnhof an, denn MdBs erhalten vom Bundestag eine Netzkarte der Deutschen Bahn zur Verfügung gestellt (▶ Kap. 7, Infobox »Diäten«). *Florian Neustadts* erster Gremientermin ist am Montagnachmittag die Sitzung seines Arbeitskreises, *Meike*

Marschall und Sebastian Ackermann starten die Woche als Mitglieder der Fraktionsführung mit dem Treffen des Fraktionsvorstandes.

Tab. 3: Parlamentsgremien

Gremium	Zusammensetzung	Aufgabe
Plenarversammlung	Alle Abgeordneten des Bundestags	Debatten, Regierungsbefragungen, Abstimmungen, Wahlen
Präsidium	Parlamentspräsident:in und Vizepräsident:innen	Leitung der Plenardebatten sowie Leitung des Parlaments und der Bundestagsverwaltung
Ältestenrat	Präsidiumsmitglieder und weitere Abgeordnete, dem Stärkeverhältnis der Fraktionen entsprechend, darunter die Parlamentarischen Geschäftsführer:innen	Organisation und Steuerung der parlamentarischen Arbeit, insbesondere der Plenarwochen
PGF-Runde	Parlamentarische Geschäftsführer:innen der Fraktionen	Vorbereitung und Koordination der Parlamentsarbeit, vor allem der Plenartagungen
Ausschüsse	Von ihren Fraktionen entsandte Abgeordnete, die jeweils für bestimmte Politikfelder zuständig sind	Beratung und Bearbeitung von Gesetzesentwürfen, Formulierung von Beschlussempfehlungen fürs Plenum, Kontrolle der Arbeit der Ministerien

Quelle: eigene Zusammenstellung.

Fraktionsarbeitskreise oder -gruppen

In den Fraktionsarbeitskreisen (oder Fraktionsarbeitsgruppen, die Bezeichnungen variieren) werden die einzelnen Politikfelder bearbeitet, für die das Parlament zuständig ist. Daher orientieren sich die Arbeitskreisstrukturen der Fraktionen an den Ausschüssen (s. u.). Sobald die Ausschussbesetzung geklärt ist, werden gleich zum Beginn der Legislaturperiode die Arbeitskreise gebildet. Die größeren Fraktionen richten in der Regel zu jedem Ausschuss einen Arbeitskreis ein. Die Abgeordneten, die demselben Ausschuss angehören, bilden in der Fraktion einen Arbeitskreis. Weil *Florian Neustadt* Mitglied des Gesundheitsausschusses ist, gehört er der AG Gesundheit seiner Fraktion an. Damit wird eine optimale fachliche Vorbereitung der Ausschussarbeit durch die Expert:innen der Fraktion ermöglicht. Weil die kleineren Fraktionen weniger Abgeordnete haben, verfügen sie über weniger Arbeitskreise, die ein breiteres Aufgabenspektrum bearbeiten müssen (▶ Tab. 4). In den Arbeitskreisen werden den einzelnen Abgeordneten Zuständigkeiten für Fachthemen zugewiesen, so dass *Florian Neustadt* der für bestimmte gesundheitspolitische Themen zuständige Fachabgeordnete ist. Jene werden auch Berichterstatter:innen genannt.

Die Arbeitskreismitglieder schlagen der Fraktion aus ihrer Mitte Vorsitzende vor, deren formelle Wahl in der Gesamtfraktion stattfindet. Ein solcher ist *Sebastian Ackermann*. Diese Arbeitskreisvorsitzenden oder Sprecher:innen sind in ihren Fraktionen wichtige Akteur:innen. Sie tragen die Verantwortung für ihre Arbeitskreise, sprechen in der Fraktion für sie und haben großen Einfluss bei der Auswahl der Redner:innen für die Plenardebatten. Außerdem sind sie – in Abhängigkeit von der Organisation ihrer Fraktion – entweder Mitglieder im erweiterten Fraktionsvorstand oder nehmen an regelmäßigen Koordinationsrunden mit Vorstandsmitgliedern teil. In jedem Fall stehen sie mit der Fraktionsführung in engem Kontakt und stellen ein Bindeglied zwischen den Abgeordneten ihres Arbeitskreises und der Fraktionsspitze dar. Nach außen dienen die Sprecher:innen als fachliche Ansprechpartner:innen ihrer Fraktionen für die Journalist:innen. Dabei wird von ihnen erwartet, die Fraktionsmeinung, nicht aber ihre persönliche Meinung, zu vertreten und möglichst gut darzustellen.

Den Arbeitskreisen stehen von der Fraktion angestellte Referent:innen zur Seite, die immer auch an den Arbeitskreissitzungen teilnehmen. Sie betreuen die ihnen zugeordneten Arbeitskreise fachlich und bereiten gemeinsam mit den jeweiligen Vorsitzenden die Sitzungen vor. Während Abgeordnete verschiedene Aufgabengebiete haben und insbesondere in ihren Wahlkreisen als politische Generalist:innen gefragt sind, arbeiten die Referent:innen kontinuierlich in ihren Fachgebieten. Das kann sie zu wichtigen Berater:innen machen. Natürlich haben sie, da sie keine gewählten Volksvertreter:innen sind, im Arbeitskreis kein Stimmrecht, können aber aufgrund ihrer Fachkompetenz inhaltliche und strategische Vorschläge unterbreiten und Empfehlungen aussprechen.

Routinemäßig sind die Arbeitskreise für die Vorbereitung der aktuellen Sitzungswoche, also der kommenden Ausschuss- und Plenarsitzung, zuständig. Entsprechend tagen sie am Wochenanfang, Montagnachmittag oder Dienstagvormittag. Üblicherweise arbeiten *Florian Neustadt* und seine Kolleg:innen die Ausschusstagesordnung durch, indem sie zu den einzelnen Tagesordnungspunkten Handlungsstrategien absprechen und das Abstimmungsverhalten festlegen. In der Regel wird dabei den Empfehlungen der zuständigen Berichterstatter:innen gefolgt. Diskussionen finden nur dann statt, wenn es weiteren Informationsbedarf oder Meinungsverschiedenheiten gibt. Auch Fragen an die Regierungsvertreter:innen im Ausschuss werden in der Arbeitskreissitzung bekanntgegeben bzw. vorbereitet und koordiniert. Bei der Vorbereitung der Plenarsitzungen wird ähnlich vorgegangen: Die Abstimmungsempfehlungen werden abschließend festgelegt und die Redner:innen werden für jene Debatten benannt, für welche die Arbeitskreise fachlich zuständig sind. In der Regel ergreifen im Plenarsaal die Abgeordneten das Wort, in deren thematischen Zuständigkeitsbereich eine Debatte fällt. Wenn *Florian Neustadt* als Berichterstatter seiner Fraktion die Arbeit an einem Gesetzesentwurf koordiniert hat, wird er dazu auch im Plenum sprechen. Allerdings übernehmen häufig die Arbeitskreisvorsitzenden oder Mitglieder des Fraktionsvorstandes diese Aufgabe, wenn es sich um in der Öffentlichkeit viel beachtete Themen handelt. Je wichtiger ein Thema ist, umso eher wird es von prominenten Politiker:innen der Fraktionen vertreten.

Die Arbeitskreismitglieder bereiten aber nicht nur die laufende Sitzungswoche vor, sie beraten auch Gesetzentwürfe und andere Anträge, die sich im parlamentarischen Verfahren befinden oder die neu ins Parlament eingebracht werden sollen. Ebenfalls planen sie den Einsatz parlamentarischer Informations- und Kontrollinstrumente, etwa von Kleinen und Großen Anfragen. Die Diskussion und Bearbeitung von Gesetzentwürfen und von parlamentarischen Initiativen einesteils sowie die Entwicklung und Erörterung mittel- bzw. langfristiger Vorhaben anderenteils ist der Kern der politischen Willensbildung und Entscheidungsfindung in den Arbeitskreisen.

Neben den Routineaufgaben findet sich in den Tagesordnungen der Arbeitskreise oft ein besonderer Themenschwerpunkt. Dann werden Gastreferent:innen eingeladen oder es kommen andere relevante Akteur:innen aus der Fraktion hinzu, etwa wenn mit anderen Arbeitskreisen übergreifende Fragestellungen bearbeitet werden. In den Regierungsfraktionen sind außerdem Berichte von Regierungsvertreter:innen regelmäßiger Bestandteil der Arbeitskreissitzungen.

Auch wenn die Arbeitskreise sich vor allem um Fachpolitik kümmern, findet häufig auch ein Austausch über Fragen statt, welche die jeweiligen Fraktionen bzw. ihre Parteien insgesamt betreffen. Wiederkehrende Themen sind Personalfragen oder das Erscheinungsbild der eigenen Partei in den Medien und in der Öffentlichkeit, denn öffentliche Zustimmung ist eine wichtige Währung in der Demokratie. In den Arbeitskreisen wird also ein Teil der Fragen vorweggenommen, welche die Fraktionsvollversammlung beschäftigen.

Zentraler Unterschied zwischen den Arbeitskreisen von Regierungs- und Oppositionsfraktionen ist die Teilnahme von Regierungsvertreter:innen in den Mehrheitsfraktionen. Daher verfügt *Sebastian Ackermann* über weitergehende Einflussmöglichkeiten als

Florian Neustadt. Zum einen besetzt er als Arbeitskreisvorsitzender eine einflussreiche Position in der Hierarchie seiner Fraktion. Zum anderen hat er als Mitglied einer Regierungsfraktion direkten Zugang zu den Regierungsvertreter:innen seines Politikfeldes. In den Koalitionsfraktionen nämlich erfolgt die Arbeit in der Regel in enger Kooperation mit der Regierung und den Koalitionspartnern. Es wird erwartet, dass die zuständigen Fachminister:innen, zumindest aber ihre Staatssekretär:innen regelmäßig an den Arbeitskreissitzungen teilnehmen und über die Vorhaben ihrer Ministerien informieren. Zusätzlich sind – in Abhängigkeit von den Beratungsgegenständen – auch jeweils fachlich zuständige Ministerialbeamt:innen und Fachreferent:innen anwesend. Die Koalitionsfraktionen können also auf Ressourcen der Regierung zurückgreifen, die den Oppositionsfraktionen nicht zur Verfügung stehen. Sie werden durch die Zusammenarbeit mit der Regierung auf der Fachebene schon in einem frühen Stadium eines Gesetzgebungsverfahrens am Diskussionsprozess beteiligt und können ihre Anregungen und Vorstellungen einbringen. So findet Kontrolle durch Mitwirkung statt, und es wird sichergestellt, dass die Gesetzesinitiativen der Regierung fachlich solche der regierungstragenden Fraktionen sind.

Es kann auch vorkommen, dass sich die Minister:innen oder ihre Staatssekretär:innen in den Arbeitskreisen ihrer Fraktionen aktiv um Zustimmung der Abgeordneten für ihre Vorhaben bemühen müssen. Möglicherweise müssen sie in diesem nicht-öffentlichen Rahmen auch deutliche Kritik aus den Reihen der Abgeordneten entgegennehmen, die ihre Wünsche für die Gestaltung eines Gesetzesvorhabens formulieren. Während in den Arbeitskreisen der regierungstragenden Fraktionen das Regierungscontrolling, also die Abstimmung von politischen Initiativen zwischen Regierungsvertreter:innen und Parlamentarier:innen, im Vordergrund steht, nehmen in den Oppositions-Arbeitskreisen die Planung des Einsatzes parlamentarischer Kontrollinstrumente sowie die Erarbeitung von Gesetzentwürfen und Anträgen größeren Raum ein. Beides erfolgt, um die Positionen der Opposition gegenüber der Öffentlichkeit darzustellen.

Fraktionsarbeitskreise oder -gruppen

Tab. 4: Arbeitskreis- bzw. -gruppenstruktur der Fraktionen im 20. Deutschen Bundestag

SPD	CDU/CSU	Bündnis 90/Die Grünen	FDP	AfD	Die Linke
Angelegenheiten der EU	Angelegenheiten der EU	Arbeit und Soziales	Freiheit und Menschenrechte weltweit	Angelegenheiten der EU	Arbeit und Soziales
Arbeit und Soziales	Arbeit und Soziales	Außen	Nachhaltigkeit durch Innovation	Arbeit und Soziales	Bildung, Digitalisierung, Demokratie, Innen
Außenpolitik	Auswärtiges	Bildung, Forschung und Technikfolgenabschätzung	Politik, die rechnen kann	Außenpolitik	Haushalt, Finanzen, Wirtschaft, Infrastruktur, Umwelt
Bildung und Forschung	Bildung und Forschung	Digitales	Selbstbestimmt in allen Lebenslagen	Bildung, Forschung und Technikfolgenabschätzung	Internationale Politik
Digitales	Digitales	Ernährung	Vorankommen durch eigene Leistung	Digitales	
Ernährung und Landwirtschaft	Ernährung und Landwirtschaft	Europa	Weltbeste Bildung für jeden	Ernährung und Landwirtschaft	
Familie, Senioren, Frauen und Jugend	Familie, Senioren, Frauen und Jugend	Familie, Senior:innen, Frauen, Jugend und Queer		Familie, Senioren, Frauen und Jugend	
Finanzen	Finanzen	Finanzen		Finanzen	
Gesundheit	Gesundheit	Gesundheit und Pflege		Gesundheit	
Haushalt	Haushalt	Globale Entwicklung		Haushalt	
Inneres	Innen und Heimat	Haushalt		Innenpolitik	
Klimaschutz und Energie	Klimaschutz und Energie	Inneres und Heimat		Klimaschutz und Energie	
Kultur und Medien	Kultur und Medien			Kultur und Medien	

Tab. 4: Arbeitskreis- bzw. -gruppenstruktur der Fraktionen im 20. Deutschen Bundestag – Fortsetzung

SPD	CDU/CSU	Bündnis 90/Die Grünen	FDP	AfD	Die Linke
Menschenrechte und humanitäre Hilfe	Menschenrechte und humanitäre Hilfe	Klimaschutz und Energie		Menschenrechte und humanitäre Hilfe	
Petitionen	Petitionen	Kultur und Medien		Petitionen	
Recht	Recht	Menschenrechte und humanitäre Hilfe		Recht	
Sport	Sport und Ehrenamt	Mobilität		Sport	
Tourismus	Tourismus	Petitionen		Tourismus	
Umweltschutz, Naturschutz, nukleare Sicherheit und Verbraucherschutz	Umweltschutz, Naturschutz, nukleare Sicherheit und Verbraucherschutz	Recht		Umweltschutz, Naturschutz und Reaktorsicherheit	
Verkehr	Verkehr	Sicherheit, Frieden, Abrüstung		Verkehr	
Sicherheits- und Verteidigungspolitik	Verteidigung	Sport		Verteidigung	
Wahlprüfung, Immunität und Geschäftsordnung	Wirtschaft	Tourismus		Wahlprüfung, Immunität und Geschäftsordnung	
Wirtschaft	Wirtschaftliche Zusammenarbeit und Entwicklung	Umweltschutz, Naturschutz, nukleare Sicherheit und Verbraucherschutz		Wirtschaft	
	Wohnen, Stadtentwicklung, Bau-	Untersuchungsausschuss Afghanistan		Wirtschaftliche Zusammenarbeit und Entwicklung	

Tab. 4: Arbeitskreis- bzw. -gruppenstruktur der Fraktionen im 20. Deutschen Bundestag – Fortsetzung

SPD	CDU/CSU	Bündnis 90/Die Grünen	FDP	AfD	Die Linke
Wirtschaftliche Zusammenarbeit und Entwicklung	wesen und Kommunen	Wahlprüfung, Immunität und Geschäftsordnung		*Neben den AKs existieren weitere AGs:* Religionspolitik	
Wohnen, Stadtentwicklung, Bauwesen und Kommunen		Wirtschaft		Geschichte	
		Wohnen, Stadtentwicklung, Bauwesen und Kommunen		Heimatvertriebene	
Darüber hinaus hat die SPD-Fraktion 12 sog. ›weitere AGs‹ gebildet, vgl. www.spdfraktion.de/arbeitsgruppen					

Quelle: Websites der Fraktionen, Stand: Mai 2023. In den Fraktionen von SPD, CDU/CSU und Grünen wird die Bezeichnung AG verwendet, in der FDP, AfD und der Linken AK.

Hinter der Aufzählung der Aufgaben der Arbeitskreise geht ihre zentrale Bedeutung für die Willensbildung der Fraktionen etwas verloren. Die ausführliche Darstellung des Innenlebens der Arbeitskreise erfolgte hier, weil sie viel mehr sind als Vorbereitungsorgane für die Fraktionsvollversammlungen oder für die Ausschuss- und Plenararbeit. Die – weitverbreitete – Betonung ihrer vorbereitenden Funktion greift zu kurz. In vielen Fällen sind sie faktisch Ausgangs- und Endpunkt der politischen Willensbildung in den Fraktionen. Den Arbeitskreisen kommt beim Agenda-Setting, also dem Einbringen zu bearbeitender politischer Probleme ins Parlament, bei der Entscheidungsfindung über politische Sachfragen und bei der Integration ihrer Fraktionen – als Orte der Kompromissbildung und des sozialen Miteinanders – eine zentrale Rolle zu. Die Arbeitskreise sind für *Florian Neustadt*, *Sebastian Ackermann* und alle anderen Abgeordneten ein Nukleus der Fraktions- und damit der Parlamentsarbeit.

Für *Sebastian Ackermann* und *Meike Marschall*, nicht aber für *Florian Neustadt* als einfacher Abgeordneter, steht Montag am späten Nachmittag die Sitzung der Fraktionsvorstände auf der Tagesordnung. Sie tagen gleich am Montag, weil sie für die Koordination der Fraktionsarbeit in der Sitzungswoche und für die Vorbereitung der am Dienstagnachmittag stattfindenden Fraktionsversammlung verantwortlich sind.

Fraktionsvorstände

Oben sind die Fraktionen aufgrund ihrer Mitgliederzahl mit kleinen oder mittleren Unternehmen verglichen worden. Wie Unternehmen benötigen auch Fraktionen einen Vorstand, der die Fraktion leitet, ihre Arbeit koordiniert und die Geschäfte führt. Der Fraktionsvorstand ist das oberste Führungsgremium einer Fraktion. Die Vorsitzenden der Fraktionen gehören zum politischen Spitzenpersonal des Landes, die wichtige und einflussreiche Positionen besetzen. Das gilt insbesondere für die Vorsitzenden der Koalitionsfraktionen, denn die Regierung ist mit ihren Initiativen und Gesetzesvorschlägen auf die Zustimmung der sie tragenden Fraktionen angewiesen. Die Vorsitzenden der Oppositionsfraktionen agieren in der Rolle der direkten Kontrahent:innen der amtierenden Regierungsspitze. Die Vorsitzenden der größeren Oppositionsfraktionen sind im Falle eines Regierungswechsels potenzielle Anwärter:innen für das Kanzleramt.

Die Vorsitzenden werden alle zwei Jahre, zum Beginn und in der Mitte der Wahlperiode, von der Gesamtfraktion gewählt. Sie sind also von der Folgebereitschaft der Abgeordneten abhängig. Die Aufgabe der Vorsitzenden, eine Fraktion zu führen, sie nach innen zusammenzuhalten und nach außen im Parlament und gegenüber der Öffentlichkeit zu vertreten, ist keine einfache. Trotz Übereinstimmung in politischen Grundsatzfragen gibt es nämlich immer wieder unterschiedliche Interessen und Ansichten zwischen den Abgeordneten und auch Konkurrenz, etwa um attraktive Ämter. Diese unterschiedlichen Interessen müssen gebündelt, zusammengefasst und zum Ausgleich gebracht werden, damit die Fraktion als funktionierende Mannschaft gemeinsam agieren kann. Fraktionsvorsitzende müssen deshalb vermitteln und integrieren können; entstehende Konflikte müssen sie rechtzeitig erkennen und gegensteuern. Kommunikative Fähigkeiten und ein breites politisches und fachliches Wissen braucht es aber nicht nur nach innen, sondern auch nach außen, denn die Vorsitzenden sind für die Medien in wichtigen politischen Fragen die ersten Ansprechpartner:innen. Sie sind es, die in Fernsehnachrichten oder auf den Social-Media-Kanälen als Sprecher:innen ihrer Fraktionen sichtbar sind oder in den Zeitungen zitiert werden.

Neben den Vorsitzenden gehören einem Fraktionsvorstand in der Regel mehrere stellvertretende Fraktionsvorsitzende und die Parlamentarischen Geschäftsführer:innen (kurz: PGFs, s. u.) an. Eine von ihnen ist *Meike Marschall*. Die großen Fraktionen verfügen zusätzlich zum immer noch relativ viele Abgeordnete umfassenden Fraktionsvorstand über einen kleineren geschäftsführenden Fraktionsvorstand, der die parlamentarischen Alltagsgeschäfte regelt. *Sebastian*

Ackermann gehört als ein AK-Vorsitzender dem Fraktionsvorstand, nicht aber dem geschäftsführenden Fraktionsvorstand an. *Meike Marschall* dagegen ist als Managerin ihrer Fraktion dort eine wichtige Akteurin.

> **Nicht nur Parlamentsarbeit**
> In diesem Buch steht die Parlamentsarbeit im Vordergrund. Darüber darf nicht vergessen werden, dass Abgeordnete noch andere Aufgaben wahrnehmen. Üblicherweise werden vier Tätigkeitsfelder unterschieden:
>
>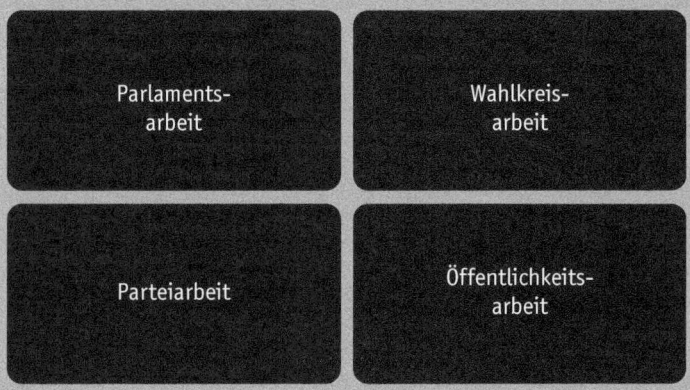
>
> Während der Wahlkreisarbeit vernetzten sich die Abgeordneten mit ihren Herkunftsregionen, um von den Wähler:innen Input zu erhalten und vor Ort ihre politischen Entscheidungen zu erklären. Die Parteiarbeit ist für die Abgeordneten aus zwei Gründen wichtig: Die Parteien sind eine ideelle und politische Heimat, und es sind die Parteigliederungen, welche die Kandidat:innen für die Parlamentswahlen aufstellen. Die Öffentlichkeitsarbeit dient der Sichtbarmachung der politischen Positionen der Abgeordneten und ihrer Parteien.

Fraktionsvorstände können mit den Offizier:innen eines Schiffes verglichen werden. Sie sorgen unter der Leitung der Kapitän:innen dafür, dass das Schiff den richtigen Kurs einschlägt und ihn während der Fahrt nicht verlässt. Daher benötigen die Vorstände immer einen Überblick über die Tätigkeit der Fraktionsgremien, vor allem der Arbeitskreise oder -gruppen. Üblicherweise sind den Stellvertretenden Fraktionsvorsitzenden daher die Zuständigkeiten für bestimmte AGs bzw. AKs zugeordnet. Sie verwalten verschiedene politische Fachbereiche. Ein politisches Problem kann nämlich aus der Sicht von Wirtschaftspolitiker:innen ganz anders aussehen als aus der Sicht von Umweltpolitiker:innen. Während die einen beispielsweise gute Wettbewerbsbedingungen für die Industrie im Blick haben, achten die anderen stärker auf die Interessen des Umweltschutzes. Solche Widersprüche rechtzeitig zu erkennen und bestenfalls aufzulösen, ist eine Aufgabe von Fraktionsvorständen. In der Öffentlichkeit würde nämlich, wenn die Wirtschaftspolitiker:innen zu einem Thema eine andere Auffassung verträten als die Umweltpolitiker:innen, ein höchst uneinheitliches Erscheinungsbild entstehen, das der Fraktion am Ende schaden könnte. Geschlossen aufzutreten, ist für jede Fraktion wichtig, um einerseits der politischen Konkurrenz keine Angriffsflächen zu bieten und weil es andererseits die Öffentlichkeit nicht schätzt, wenn Abgeordnete streiten und nicht an einem Strang ziehen. Mit der Erwartung an geschlossenes Handeln wird häufig übersehen, dass Konflikte beim Ringen um politische Positionen auch innerhalb von Parteien und Fraktionen nicht nur dazugehören, sondern notwendig sind, um im Wettbewerb gute Lösungen zu entwickeln. Aber nicht nur um politische Inhalte, auch um Ressourcen und Redezeitanteile im Plenum konkurrieren die einzelnen Fraktionsmitglieder untereinander. Der Fraktionsvorstand muss daher als Vermittlungsinstanz wirken und alle Interessen zu einem fairen Ausgleich bringen.

Im Vorstand werden auch Personalfragen vorbereitet, etwa wenn Gremien im Parlament zu besetzen sind oder personelle Veränderungen notwendig werden, weil Abgeordnete in andere Funktionen wechseln. So gab es in der 19. Wahlperiode in der SPD-Fraktion heftigen Streit um die Besetzung des oder der so genannten Wehrbeauftragten. Obgleich sich ein langjähriger und überregional bekannter Abgeordneter für den Posten bewarb, schlug der Fraktionsvorstand eine andere Abgeordnete vor. Die Fraktion folgte diesem Vorschlag auch, sie verlor aber den prominenten MdB, der enttäuscht seinen Rücktritt aus der SPD-Fraktion verkündete. Grundsätzlich steht den Vorsitzenden das Recht zu, Personalvorschläge zu unterbreiten. Dann wird in den Vorständen beraten, ob die Vorschläge aus fachlicher wie auch politisch-strategischer Sicht eine geeignete Besetzung für eine vakante Position wären. Am Ende entscheidet die Gesamtfraktion, ob sie den Vorschlägen folgt. Üblicherweise werden Vorstände aber keinen Vorschlag unterbreiten, dessen Mehrheitsfähigkeit sie nicht vorher sorgfältig geprüft haben.

Fraktionsvorstände haben darüber hinaus die Aufgabe, die Koordination der Fraktion mit der eigenen Partei zu gewährleisten. Schließlich muss sich spätestens bei der nächsten Wahl die Partei auch für die Arbeit ihrer Parlamentsfraktion verantworten. Es ist aber ohnehin fast immer eine enge personelle Verflechtung zwischen Fraktion und Partei vorhanden, weil Abgeordnete meist auch in ihren Parteien wichtige Politiker:innen sind. Abgeordnete gehören häufig auch den Führungsgremien ihrer Parteien an, so dass Fraktion und Partei quasi automatisch eng verwoben sind.

Eine wichtige Aufgabe des Fraktionsvorstandes ist die Vorbereitung der Plenarsitzungen und die strategische Planung der Plenarwoche. Wenn ein Thema von besonderer Bedeutung ansteht, werden die Fraktionsvorsitzenden selbst oder ihre Stellvertreter:innen im Plenum reden. Ansonsten sind die für ein Thema jeweils zuständigen Fachabgeordneten als Redner:innen gesetzt. Der Vorstand muss sicherstellen, dass seine Fraktion im Plenum geschlossen auftritt und einheitlich abstimmt. In Koalitionen gilt das auch für alle Regierungsfraktionen miteinander. Gemeinsam verabredete Initiativen und Gesetzesvorhaben brauchen die Zustimmung aller Koalitionspartner. Verliert die Regierungsmehrheit eine Abstimmung, so gilt das als Niederlage. Daher findet sich in den meisten Fraktionsgeschäftsordnungen die Vorschrift, dass Abgeordnete, die im Plenum nicht mit ihrer Fraktion stimmen wollen, ihr abweichendes Stimmverhalten vorher dem Fraktionsvorstand ankündigen sollen. Steht die Mehrheit dann infrage, könnten die Koalitionsfraktionen einen Beschlussantrag lieber von der Tagesordnung nehmen, um öffentlich keine Abstimmungsniederlage zu erleiden.

Mit der Fraktionsvorstandssitzung ist der Reigen der Gremientermine am Montag, obgleich es inzwischen abends ist, noch immer nicht zu Ende. Viele der so genannten Landesgruppen tagen nämlich am Montagabend. Als Bundestagsabgeordneter aus Nordrhein-Westfalen ist *Florian Neustadt* Mitglied der Landesgruppe NRW seiner Fraktion.

Landes- und Flügelgruppen

Neben den fach- und politikfeldbezogenen Arbeitskreisen gibt es in den Fraktionen, vor allem den größeren von SPD und CDU/CSU, weitere Gruppen, in denen sich Abgeordnete organisieren, um ihre Interessen einzubringen. Das sind einerseits die so genannten Landesgruppen und andererseits Flügel- oder Strömungsgruppen. In den Landesgruppen kommen die Abgeordneten eines Bundeslandes zusammen, also z. B. alle nordrhein-westfälischen oder alle bayerischen Parlamentarier:innen einer Fraktion. Sie dienen der Bündelung der Anliegen der Heimatregionen der Abgeordneten, die versuchen, die Interessen ihrer Länder in ihren Fraktionen und im Parlament zu vertreten. Eine Besonderheit stellt die bayerische Landesgruppe der CDU/CSU-Fraktion dar. Die CDU/CSU-Fraktion besteht aus den beiden unabhängigen Parteien CDU und CSU, die nur in Bayern zur Wahl antritt. Die Landesgruppe der CSU ist also sozusagen die CSU-Teilfraktion in der Unionsfraktion. Sie verfügt damit über größeren Einfluss in der Fraktion, als andere Landesgruppen ihn üblicherweise haben. Dass sich der Einfluss von Landesgruppen unterscheidet, lässt sich auch am Beispiel der SPD-Fraktion zeigen. Der mitgliederstärksten Landesgruppe aus Nordrhein-Westfalen gehören 49 Abgeordnete an, der Hamburger dagegen nur fünf. Entsprechend stellt die nordrhein-westfälische SPD in der Bundestagsfraktion einen ganz anderen Machtfaktor dar.

Als Strömungsgruppen bezeichnet man den Zusammenschluss von Abgeordneten, die ähnliche politische Grundüberzeugungen teilen. In der SPD-Fraktionen gibt es derer drei: Die Parlamentarische Linke, den Seeheimer Kreis (benannt nach dem langjährigen Tagungsort Seeheim in Südhessen) und das Netzwerk Berlin. Einfach gesagt ist die Parlamentarische Linke der linke, reformorientierte Flügel der SPD-Fraktion, die Seeheimer sind die konservativen Sozialdemokrat:innen und das Netzwerk, das sich als progressiv (fortschrittlich) bezeichnet, steht irgendwo in der Mitte. Einige dieser Treffen finden im Laufe des Dienstagmittags statt.

In der Unionsfraktion spielen politische Flügel keine so große Rolle, aber auch hier gibt es Gruppen, die jeweils bestimmte Interessen organisieren, z. B. die Arbeitnehmergruppe, die Arbeitsgemeinschaft Kommunalpolitik, die Gruppe der Frauen, die Gruppe der Vertriebenen, Aussiedler und deutschen Minderheiten, die Junge Gruppe und den Parlamentskreis Mittelstand. Die Namen zeigen bereits, für welche besonderen Anliegen sich diese Gruppierungen einsetzen.

Nachdem es Montagabend in der Landesgruppe spät geworden ist, geht es für *Florian Neustadt* am Dienstagvormittag mit der nächsten Arbeitskreissitzung weiter, denn üblicherweise sind Abgeordnete in zwei Ausschüssen und entsprechend in zwei Arbeitskreisen aktiv. Nachmittags am Dienstag findet dann immer die Fraktionsversammlung statt, das sichtbarste und bekannteste Gremium der Fraktionen, aus denen es immer wieder auch Bilder in der Medienberichterstattung gibt, wenn dort wichtige Themen behandelt werden.

Fraktionsversammlungen

In den Fraktionsversammlungen treffen sich in den Sitzungswochen des Bundestags alle Mitglieder einer Fraktion. Sie sind die obersten Wahl- und Beschlussgremien der Fraktionen. Obwohl viele Entscheidungen in den Arbeitskreisen und im Fraktionsvorstand vorbereitet werden, können formelle Beschlüsse nur in der Fraktionsversammlung getroffen werden. Die Fraktionsversammlungen sind also für die Fraktion, was das Plenum (s. u.) für das Gesamtparlament ist.

In der Regel haben die Fraktionsversammlungen immer einen ähnlichen Ablauf. Zu den wiederkehrenden Tagesordnungspunkten gehört ein politischer Bericht der Vorsitzenden, in dem auf aktuelle politische Ereignisse eingegangen wird, aber auch partei- und fraktionsinterne Vorkommnisse beurteilt und kommentiert werden. Solche Berichte dienen dazu, die Fraktionslinie klarzustellen und die Fraktion als Handlungseinheit zusammenzuschweißen. Zu diesem Zweck wird nicht selten die politische Konkurrenz angegriffen und sich gegen sie abgegrenzt, wie andererseits die Positionen und Leistungen der eigenen Fraktion besonders hervorgehoben werden. In den Regierungsfraktionen werden die Ausführungen der Fraktionsvorsitzenden gelegentlich durch aktuelle Berichte der eigenen Minister:innen ergänzt. In der größten Mehrheitsfraktion (in der 20. Wahlperiode die SPD-Fraktion) ergreift gelegentlich auch der oder die Kanzler:in das Wort. Anschließend gibt es ggf. Gelegenheit zur Aussprache, die immer auch ein Stimmungstest über die politischen Befindlichkeiten in den Fraktionen ist.

Ein weiterer zentraler Tagesordnungspunkt jeder Fraktionssitzung ist die Vorbereitung der Plenarsitzung der laufenden Sitzungswoche. Dafür wird – in der Regel von den Parlamentarischen Geschäftsführer:innen (s. u.) – ein Überblick über die Plenartagesordnung gegeben, um die Abgeordneten auf den Sitzungsverlauf einzustellen und die Anwesenheit der Fraktionsmitglieder sicherzustellen, wenn sie etwa für Abstimmungen notwendig ist. Zu den einzelnen Tagesord-

5 Welche Gremien Parlamente haben

Abb. 9: Blick in den Fraktionssitzungssaal der CDU/CSU bei einer Abstimmung (Quelle: CDU-Fraktion).

nungspunkten der Plenarsitzung werden die in den Arbeitskreisen bestimmten Redner:innen, die Redezeiten und die Abstimmungsempfehlungen der Arbeitskreise bekanntgegeben. Für die Abgeordneten bieten die Plenarsitzungen daher selten Überraschungen, sie wurden in den Fraktionen vielfach vorbereitet und vorbesprochen. Die in den Plenarreden vermittelten Positionen sind unter den Abgeordneten allseits bekannt, und das Abstimmungsverhalten wurde vorher gemeinsam festgelegt.

Ebenfalls üblich ist ein Tagesordnungspunkt, der Berichte aus den Arbeitskreisen bzw. -gruppen der Fraktionen (▶ Tab. 4) ermöglicht. Hier berichten die Arbeitskreisvorsitzenden über die von ihnen derzeit bearbeiteten politischen Themen oder stellen in den Arbeitskreisen entstandene Anträge und Initiativen vor, die im Anschluss entweder beschlossen und damit zu Positionen der Fraktion oder abgelehnt werden. Die zuständigen Fachpolitiker:innen begründen dabei ihre Anträge und werben um Zustimmung, und die anderen Fraktionsmitglieder haben Gelegenheit, Nachfragen zu stellen oder Kritik zu äußern.

Nicht selten herrscht in den Fraktionssitzungen – insbesondere der großen Fraktionen – eine gewisse Unruhe; Abgeordnete unterhalten sich und gehen umher. Dafür gibt es vor allem zwei Gründe. Nicht alle Abgeordneten sind aufgrund der fraktionsinternen Arbeitsteilung gleichermaßen an allen Themen interessiert. Vor allem aber ist die Fraktionssitzung eine der wenigen Gelegenheiten, bei denen Abgeordnete alle Kolleg:innen antreffen. Wer also etwas mit anderen klären möchte, hat während des Sitzungsverlaufs dafür gute Chancen. In den größeren Fraktionen sind die Fraktionssitzungen auch das einzige Treffen, bei dem Abgeordnete ohne hervorgehobene Ämter – wie *Florian Neustadt* – direkten Kontakt zur Fraktionsspitze haben und daher vielerlei wichtige Informationen zusammenlaufen.

Die am Dienstagnachmittag in den Fraktionen vorbereitete Plenarsitzung beginnt mittwochs um die Mittagszeit. Zuvor steht der Vormittag im Zeichen der Ausschusssitzungen. *Florian Neustadt* und *Sebastian Ackermann* vertreten ihre Fraktionen in den Ausschüssen, in die sie entsendet worden sind. Die Parlamentarische Geschäftsführerin *Meike Marschall* ist kein Mitglied in einem Fachausschuss, weil ihre Managementaufgabe andere Schwerpunktsetzungen erfordert.

Ausschüsse

In vielen Darstellungen wird der Deutsche Bundestag als Arbeitsparlament bezeichnet und nahegelegt, dass der Schwerpunkt der parlamentarischen Arbeit in den Ausschüssen liegt. Dem ist einerseits nicht zu widersprechen, weil die Ausschusszugehörigkeit die Abgeordnetenarbeit maßgeblich prägt; die Parlamentarier:innen werden nämlich zu Expert:innen in jenen Politikfeldern, für die sie in den Ausschüssen zuständig sind. Unser Beispielabgeordneter *Florian Neustadt* versteht sich als Gesundheitspolitiker. Auch verbringen Abgeordnete einen nicht unerheblichen Teil der Sitzungswochen in Berlin in Ausschusssitzungen oder in Arbeitskreistreffen (s. o.), welche die Ausschussarbeit vorbereiten. Andererseits darf die Betonung des Charakters des Bundestags als Arbeitsparlament und die Beschreibung der Ausschussarbeit als sachbezogen nicht zu dem Missverständnis führen, in den Ausschüssen sei die prinzipielle Frontstellung zwischen Regierungsmehrheit und Opposition aufgehoben und alle Abgeordneten würden miteinander an den zu beratenden Gesetzesvorlagen arbeiten. Im Gegenteil: Die politische Meinungsbildung ist in den fraktionsinternen Gremien bereits im Vorfeld der Ausschusssitzungen erfolgt, und die eigentlichen Entscheidungen wurden längst in den Koalitionsfraktionen gemeinsam mit der Regierung getroffen. Das entspricht genau der Funktionslogik des parlamentarischen Regierungssystems (▶ Kap. 2) und ist daher überhaupt nicht zu beanstanden. In den Regierungsfraktionen findet Regierungskontrolle durch Mitregieren statt, durch die das Parlament eine seiner zentralen Funktionen erfüllt. Diese Form der Regierungskontrolle ist aber auf die regierungstragenden Fraktionen beschränkt und in der Öffentlichkeit weitgehend unsichtbar. Das macht sie keinesfalls weniger wirkungsvoll, sondern führt dazu, dass die Abgeordneten der Regierungsmehrheit Einfluss auf Gesetzesentwürfe der Regierung nehmen können. In den Ausschussberatungen werden diese dann als gemeinsame Vorlagen der Regierungsmehrheit präsentiert, beraten und in der Regel beschlossen. Natürlich kann es auch vorkommen, dass Oppositionsabgeordnete, obwohl sie gegen ein Gesetz sind, im Ausschuss konstruktiv an der Gesetzesberatung mitarbeiten und konkrete Verbesserungsvorschläge einbringen, die gelegentlich auch angenommen werden. Sie wissen, dass das Gesetz aufgrund der Mehrheitsverhältnisse ohnehin nicht zu verhindern ist, aber der eigene Sachverstand lässt sich so bei der Ausgestaltung des Gesetzes noch einbringen.

In den Ausschüssen kommen die Abgeordneten entsprechend dem Stärkeverhältnis ihrer Fraktionen zusammen. Sie sind sozusagen ein verkleinertes Abbild des Plenums auf Fachebene. Aus dem Plenum werden Gesetzesvorlagen zur Beratung in die Ausschüsse überwiesen, die damit der eigentliche Ort der Gesetzesberatung sind. Dabei werden neben dem federführenden Ausschuss mitberatende Ausschüsse bestimmt. Ersterer ist für die Erarbeitung einer Beschlussempfehlung ans Plenum verantwortlich, muss aber die Stellungnahmen der mitberatenden Ausschüsse berücksichtigen. Auch findet in den Ausschüssen regelmäßiger Kontakt und Austausch zwischen Parlamentarier:innen und Vertreter:innen der Bundesregierung statt.

Abb. 10: Sitzung des Petitionsausschusses des Deutschen Bundestags (Quelle: Deutscher Bundestag, Thomas Imo/photothek).

Über die Ausschussstruktur wird zu Beginn einer jeden Wahlperiode entschieden. Das Grundgesetz schreibt vier Ausschüsse zur verbindlichen Einrichtung vor: den Petitionsausschuss sowie die Ausschüsse für Auswärtiges, für Verteidigung und für Angelegenheiten der Europäischen Union. Darüber hinaus ist der Bundestag frei, seine ständigen und zeitweiligen Ausschüsse festzulegen. Üblicherweise lehnt das Parlament seine Ausschüsse an die Struktur der Regierungsressorts an (▶ Tab. 5). Wie viele Plätze einer Fraktion in einem Ausschuss genau zustehen, wird mit dem mathematischen Verfahren nach Sainte-Laguë/Schepers ermittelt. *Florian Neustadt* sitzt im Gesundheitsausschuss mit insgesamt 42 Mitgliedern. Davon gehörten zum Beginn der 20. Wahlperiode zwölf der SPD, elf der CDU/CSU, sieben den Grünen, jeweils fünf der AfD und der FDP und zwei den Linken an.

Ebenfalls mit dem genannten Rechenverfahren wird die Anzahl der Ausschussvorsitze, die den Fraktionen zustehen, ermittelt. Bei der Zuteilung der Ausschussvorsitzenden gibt es aber parlamentarische Traditionen zu beachten. So ist es Brauch, dass der Vorsitz des Haushaltsausschusses an die stärkste Oppositionsfraktion geht, weil der Ausschuss ein typischer Kontrollausschuss ist – und die Kontrolle der Regierung als zentrale Aufgabe der Opposition verstanden wird. Nachdem geklärt ist, welche Fraktion welchen Ausschussvorsitz übernimmt, kann diese eine Person aus ihren Reihen vorschlagen. Üblicherweise erhalten jene dann die Zustimmung der Parlamentarier:innen im Ausschuss. Zuletzt aber verfehlten AfD-Abgeordnete die erforderliche Mehrheit, weil sich die Ausschussmitglieder der anderen Fraktionen nicht von ihnen vertreten lassen wollten.

Tab. 5: Ausschuss- und Regierungsstruktur in der 20. Legislaturperiode des Deutschen Bundestags

Ausschussstruktur	Mitglieder	Vorsitz	Regierungsstruktur
Ausschuss für Arbeit und Soziales	49	SPD	Bundesministerium für Arbeit und Soziales
Ausschuss für Bildung, Forschung und Technikfolgenabschätzung	38	Grüne	Bundesministerium für Bildung und Forschung
Ausschuss für die Angelegenheiten der Europäischen Union	40	Grüne	Auswärtiges Amt, gesamte Bundesregierung
Ausschuss für Digitales	34	Grüne	Bundesministerium für Digitales und Verkehr
Ausschuss für Ernährung und Landwirtschaft	35	CDU/CSU	Bundesministerium für Ernährung und Landwirtschaft
Ausschuss für Familie, Senioren, Frauen und Jugend	38	SPD	Bundesministerium für Familie, Senioren, Frauen und Jugend

Tab. 5: Ausschuss- und Regierungsstruktur in der 20. Legislaturperiode des Deutschen Bundestags – Fortsetzung

Ausschussstruktur	Mitglieder	Vorsitz	Regierungsstruktur
Ausschuss für Gesundheit	42	(Grüne)	Bundesministerium für Gesundheit
Ausschuss für Inneres und Heimat	46	(SPD)	Bundesministerium des Innern und für Heimat
Ausschuss für Klimaschutz und Energie	34	Linke	Bundesministerium für Wirtschaft und Klimaschutz
Ausschuss für Kultur und Medien	19	SPD	Kanzleramt – Beauftragte der Bundesregierung für Kultur und Medien
Ausschuss für Menschenrechte und humanitäre Hilfe	19	FDP	Auswärtiges Amt, Bundesministerium für wirtschaftliche Zusammenarbeit und Entwicklung
Ausschuss für Tourismus	19	CDU/CSU	Bundesministerium für Wirtschaft und Klimaschutz
Ausschuss für Umwelt, Naturschutz, nukleare Sicherheit und Verbraucherschutz	38	Grüne	Bundesministerium für Umwelt, Naturschutz, nukleare Sicherheit und Verbraucherschutz
Ausschuss für Wahlprüfung, Immunität und Geschäftsordnung	19	CDU/CSU	–
Ausschuss für wirtschaftliche Zusammenarbeit und Entwicklung	24	(FDP)	Bundesministerium für wirtschaftliche Zusammenarbeit und Entwicklung
Ausschuss für Wohnen, Stadtentwicklung, Bauwesen und Kommunen	34	FDP	Bundesministerium für Wohnen, Stadtentwicklung und Bauwesen, Bundesministerium des Innern und für Heimat
Auswärtiger Ausschuss	46	SPD	Auswärtiges Amt

Tab. 5: Ausschuss- und Regierungsstruktur in der 20. Legislaturperiode des Deutschen Bundestags – Fortsetzung

Ausschussstruktur	Mitglieder	Vorsitz	Regierungsstruktur
Finanzausschuss	45	CDU/CSU	Bundesministerium der Finanzen
Haushaltsausschuss	45	CDU/CSU	Bundesministerium der Finanzen, gesamte Regierung
Petitionsausschuss	31	SPD	gesamte Bundesregierung
Rechtsausschuss	39	CDU/CSU	Bundesministerium der Justiz
Sportausschuss	19	SPD	Bundesministerium des Innern und für Heimat
Verkehrsausschuss	34	SPD	Bundesministerium für Digitales und Verkehr
Verteidigungsausschuss	38	FDP	Bundesministerium der Verteidigung
Wirtschaftsausschuss	34	CDU/CSU	Bundesministerium für Wirtschaft und Klimaschutz

Quelle: Deutscher Bundestag, Stand: Mai 2023.[12]

Die Besetzung der Ausschüsse ist grundsätzlich Sache der Fraktionen; Abgeordnete werden von ihrer Fraktion in einen Ausschuss entsendet. Dafür äußern die Parlamentarier:innen zu Beginn der Legislaturperiode ihre Wünsche, und die Parlamentarischen Geschäftsführer:innen versuchen dann, die Meldungen zu koordinieren. Nicht

---

12 Gemäß des Verhältnisses der Fraktionsstärke verteilte sich die Anzahl der Ausschussvorsitzenden Mitte der 20. Wahlperiode wie folgt: SPD = 7, CDU/CSU = 7, Grüne = 4, FDP = 3, AfD = 3, Linke = 1. Die Tabelle zeigt aber keine Ausschussvorsitzenden bei der AfD. Die Kandidat:innen der AfD erhielten bei den Wahlen der Vorsitzenden in den Ausschüssen keine Mehrheit. Stattdessen wurden Mitglieder anderer Fraktionen als (kommissarische) Vorsitzende bestimmt (sie sind in der Tabelle in Klammern gesetzt).

immer kommen alle Abgeordneten in ihren Wunschausschuss, denn die Fraktionsführung berücksichtigt bei der Ausschussbesetzung i. d. R. zwei wichtige Kriterien: die Sicherstellung der Kontinuität der Arbeit sowie die fachliche und berufliche Qualifikation der Parlamentarier:innen. Abgeordnete, die in der vorangegangenen Wahlperiode in einem Ausschuss waren und dort gute Arbeit geleistet haben, wird man nicht gegen ihren Willen austauschen. Zum anderen sprechen bestimmte berufliche Erfahrungen für die Arbeit in bestimmten Ausschüssen. So ist es naheliegend, Landwirt:innen, von denen es in den Fraktionen nur wenige gibt, in den Landwirtschaftsausschuss zu entsenden oder Ärzt:innen in den Gesundheitsausschuss. Außerdem gilt die ungeschriebene Regel, dass freie Ausschussplätze, die nicht nachgefragt werden, von neuen Abgeordneten besetzt werden. Neulinge müssen sich ohnehin erst ein Arbeitsgebiet suchen und sich durch Facharbeit bewähren. Für die Parlamentarischen Geschäftsführer:innen ist die Besetzung der Ausschussplätze häufig ein Puzzlespiel, das viel Verhandlungsgeschick erfordert.

Die Ausschüsse tagen in den Sitzungswochen i. d. R. Mittwochvormittag. Geleitet werden die Sitzungen von den Ausschussvorsitzenden. Von ihnen wird, ähnlich wie von dem oder der Bundestagspräsident:in, eine überparteiliche Amtsführung erwartet. Daher nehmen sie sich in den Ausschusssitzungen als Parteivertreter:innen zurück und beteiligen sich, abgesehen von der Moderation der Sitzung, nicht aktiv an den politischen Diskussionen. Grundsätzlich haben alle Abgeordneten in den Ausschüssen Rederecht, die eigentlichen Wortführer:innen sind aber die Obleute. In jedem Ausschuss gibt es je Fraktion einen Obmann oder eine Obfrau. Sie tragen die Positionen der Fraktionen vor und planen im Vorfeld gemeinsam die Tagesordnungen und die Ausschussberatungen. Während der Ausschusssitzungen sitzen die Abgeordneten, ähnlich wie im Plenum, fraktionsweise zusammen.

Neben den Abgeordneten sind viele weitere Akteur:innen in den Ausschusssitzungssälen anwesend. Das sind zum einen Mitarbeiter:innen des Parlaments und der Fraktionen, u. a. die zuständigen parlamentarischen Berater:innen der Fraktionen und die Ausschusssekretär:innen, die für die Verwaltung und Organisation der Ausschussarbeit zuständig sind. Zum anderen nehmen regelmäßig Regierungsvertreter:innen an den Sitzungen teil. Die Ausschüsse haben das Recht, Regierungsmitglieder herbeizuzitieren. Ohnehin aber ist es gängige Praxis, dass mindestens die parlamentarischen Staatssekretär:innen der Minister:innen, häufig aber auch die Ressortminister:innen selbst, an den Ausschusssitzungen teilnehmen, um die Abgeordneten über aktuelle Entwicklungen in ihren Arbeitsbereichen zu informieren und für Fragen zur Verfügung zu stehen. Häufig bringen die Regierungsvertreter:innen in Abhängigkeit von den Beratungsgegenständen Abteilungsleiter:innen oder sachlich zuständige Referent:innen ihrer Ministerien, welche Expert:innen für Detailfragen sind, mit in den Ausschuss.

Abb. 11: Bundeskanzler Scholz (r.) stellt sich im Auswärtigen Ausschuss unter Leitung des Ausschussvorsitzenden Roth (l.) den Fragen der Abgeordneten (Quelle: Deutscher Bundestag, Florian Gaertner/photothek).

Nochmals andere Beteiligte sind in den Anhörungen vertreten, welche die Ausschüsse zu den Gegenständen ihrer Beratung durchführen können. Mit der Anhörung von Sachverständigen, Interessenvertreter:innen oder anderen Auskunftspersonen versuchen die Ausschüsse, sich Informationen über einen Beratungsgegenstand zu beschaffen, etwa über die erwarteten praktischen Auswirkungen einer geplanten Regelung. Außerdem geben die Ausschüsse betroffenen Gruppen aus der Gesellschaft so die Gelegenheit, ihre Ansichten zu einem entstehenden Gesetz zu artikulieren. Bei der Vorbereitung des neuen Wahlgesetzes (▶ Kap. 4) wurden z. B. viele Staatsrechtler:innen und Wahlrechtsexpert:innen angehört.

Obgleich auch in den Ausschüssen die Rollen- und Machtverteilung zwischen Regierungs- und Oppositionsfraktionen prägend ist, verlaufen Diskussionen in den Ausschüssen häufig sachlicher als im Plenum. Der Grund dafür ist, dass die Ausschusssitzungen i. d. R. nicht öffentlich sind, während die Plenardebatten ja weniger auf die Abgeordneten als vielmehr auf die Öffentlichkeit abzielen, um den Bürger:innen die politischen Positionen der Fraktionen zu vermitteln. Die größere Sachlichkeit in den Ausschussberatungen wird häufig als Argument gegen eine generelle Öffnung der Ausschüsse für interessierte Besucher:innen angeführt.

Von Mittwochmittag bis Freitag tagt dann das Plenum. *Florian Neustadt, Meike Marschall* und *Sebastian Ackermann* werden aber nicht durchgängig an der Plenarsitzung teilnehmen, sondern nur zu jenen Tagesordnungspunkten anwesend sein, die ihre Fachgebiete betreffen, und wenn wichtige übergreifende oder tagespolitisch aktuelle Themen auf der Tagesordnung stehen.

Plenum

Das sichtbarste Gremium des Parlaments ist das Plenum, auch Plenarversammlung genannt. Wenn vom Parlament in der öffentlichen Berichterstattung die Rede ist, wird meist die Plenarversammlung gezeigt, die im Plenarsaal des Reichstagsgebäudes zusammenkommt.

5 Welche Gremien Parlamente haben

Daher werden oft auch die Begriffe Parlament und Plenum gleichgesetzt, was aber falsch ist, weil das Plenum nur ein Teil des Parlaments ist. Und noch ein weiteres Missverständnis ist weit verbreitet: Hauptzweck des Plenums ist zwar das Debattieren. Hier findet öffentlich statt, was im Begriff ›Parlament‹ (▶ Kap. 2) angelegt ist: Die Abgeordneten versammeln sich zur Unterredung. Diese Debatten sind aber keinesfalls ergebnisoffen, sie dienen also nicht dazu, sich noch gegenseitig zu überzeugen oder Abgeordnete umzustimmen. Im Gegenteil: Die Parlamentarier:innen kennen die wechselseitigen Auffassungen und Argumente bereits aus den – oben dargestellten – fraktionsinternen Gremien und aus der Arbeit in den Ausschüssen. Das Plenum richtet sich an die Öffentlichkeit, um dem Publikum – auf der Besuchertribüne, vor allem aber und viel wichtiger den Bürger:innen, die sich über die Medien über Politik informieren – die unterschiedlichen politischen Argumente der Fraktionen darzustellen. Daher wird das Plenum manchmal auch als Forum der Nation bezeichnet. Insofern erleben die Abgeordneten im Plenum nur selten Überraschungen; für die meisten von ihnen ist die Arbeit im Plenarsaal deswegen auch weniger wichtig, weil hier nur formal die parlamentarischen Aktivitäten abgeschlossen werden, mit denen sie vorher bereits vielfach befasst waren.

In der Regel bestehen Plenarsitzungen aus einer Debatte nach der anderen. In der Öffentlichkeit besonders beachtet werden die Generaldebatten, die sich häufig an Regierungserklärungen anschließen. Immer finden Generaldebatten statt, wenn alljährlich an mehreren Tagen über den Bundeshaushalt beraten wird. Aber auch wichtige Gesetzentwürfe, die in der Demokratie typischerweise umstritten sind, und Große Anfragen können Ausgangspunkt für in der Öffentlichkeit beachtete Debatten sein. In solchen Generaldebatten stellen der oder die Bundeskanzler:in oder Kabinettsmitglieder die Position der Bundesregierung dar. Prominente Redner:innen der Opposition, häufig die Fraktionsvorsitzenden selbst, setzen sich mit diesen auseinander, kritisieren sie und formulieren ihre Alternativvorschläge.

Typisch für den parlamentarischen Alltag jenseits der Generaldebatten, die eben nicht in jeder Sitzungswoche auf dem Programm

Abb. 12: Plenardebatte im Deutschen Bundestag (Quelle: Deutscher Bundestag, Kira Hofmann/photothek).

stehen, sind eher kurze Debatten zu teils sehr speziellen Fachfragen. Sie gehen üblicherweise auf Gesetzentwürfe zurück. Wird ein Gesetzentwurf aus dem Bundestag selbst eingebracht, muss er von mindestens 5 % der Abgeordneten oder einer Fraktion unterzeichnet sein. Außerdem steht der Bundesregierung sowie dem Bundesrat das Recht zur Gesetzesinitiative zu. Die meisten Gesetze werden von der Bundesregierung eingebracht (▶ Kap. 3); sie werden im Plenum als Regierungsvorlagen behandelt. In diesen Debatten reden üblicherweise jene Abgeordneten, die Expert:innen für ein Politikfeld sind und sich in ihren Fraktionen und in den zuständigen Ausschüssen oft über lange Zeiträume mit den Details eines Gesetzgebungsverfahrens beschäftigt haben. Entsprechend sind diese Reden oft nicht spontan, sondern wurden von den Fachleuten und ihren Mitarbeiter:innen gründlich vorbereitet.

Debatten, die aus Großen Anfragen entstehen, finden statt, weil die Opposition Öffentlichkeit für von ihr als wichtig erachtete Themen schaffen möchte. Große Anfragen sind ein starkes parlamentarisches Kontrollrecht, um Stellungnahmen der Bundesregierung zu wichtigen politischen Fragen zu erhalten und anschließend darüber zu debattieren. Wie Gesetzentwürfe können sie nur von einer Fraktion oder von 5 % der Abgeordneten beantragt werden.

Das gilt auch für die meisten anderen Anträge (einige wenige sehen ein höheres Quorum vor, z. B. Misstrauensanträge gegen den oder die Bundeskanzler:in oder Anträge auf Einsetzung eines Untersuchungsausschusses), welche die verschiedensten Inhalte haben können. Oft handelt es sich bei Anträgen, die Debatten auslösen, um Aufforderungen an die Bundesregierung, bestimmte Sachverhalte in einem Gesetz zu regeln, Maßnahmen zu ergreifen oder politische Einschätzungen zu politischen Problemen abzugeben.

Eine besondere Form der Debatte stellt die so genannte Aktuelle Stunde dar. Sie ist, wie der Name sagt, auf eine Stunde begrenzt. Während der Aussprache dürfen alle Redner:innen nur fünf Minuten sprechen. Unter Umständen kann es zu einer Verlängerung kommen. Die Aktuelle Stunde dient dazu, Themen von aktuellem Interesse kurzfristig auf die Tagesordnung zu bringen und zeitnah zu debattieren. Häufig geht es um tagespolitische Ereignisse im In- oder Ausland oder um politische Äußerungen von wichtigen Amtsträger:innen, die zu Widerspruch anregen. Vor allem für die Opposition bieten Aktuelle Stunden eine wichtige Möglichkeit, eigene Themen auf die Plenartagesordnung zu setzen.

Abstimmungen
Im Bundestag gibt es verschiedene Abstimmungsverfahren: Die Regel ist die Abstimmung per *Handzeichen*. Bei der Entscheidung über Gesetze wird in der dritten Lesung abgestimmt, indem die Abgeordneten von ihren Plätzen *aufstehen*, wenn sie einem Gesetzentwurf zustimmen, ihn ablehnen oder sich enthalten. Wenn die Sitzungsleitung über eine Abstimmung unsicher ist, kann die Abstimmung durch einen *Hammelsprung* wiederholt werden. Dazu betreten die Abgeordneten den Plenarsaal durch Türen, die mit

›Ja‹, ›Nein‹ und ›Enthaltung‹ gekennzeichnet sind, und werden dabei gezählt. Eine Erklärung für die ungewöhnliche Bezeichnung ›Hammelsprung‹ verweist auf die Odyssee, die griechische Sage über die Irrfahrten des Odysseus. Darin taucht der Riese Polyphem auf, der seine Schafe zählt, indem er sie durch seine Beine laufen lässt.

Eine Fraktion oder 5 % der Abgeordneten können eine *namentliche Abstimmung* verlangen. Dabei werfen die Abgeordneten blaue (ja), rote (nein) oder weiße (Enthaltung) Karten, die mit ihrem Namen versehen sind, in eine Urne. So wird transparent, für welche politischen Positionen die einzelnen Abgeordneten gestimmt haben. Bei Personenwahlen (z. B. Bundestagspräsident:in, Bundeskanzler:in) findet eine *geheime Wahl* statt: In einer Wahlkabine markieren die Abgeordneten Stimmzettel.

Abb. 13: Abgeordnete beim sog. Hammelsprung, einem parlamentarischen Abstimmungsverfahren (Quelle: Deutscher Bundestag, Lichtblick/ Achim Melde).

Aber nicht nur Debatten finden im Plenum statt. Regelmäßig dient die Plenarversammlung als Ort der Regierungsbefragung und der Fragestunde. Von besonderer Bedeutung sind ferner Wahlen. Zum Beginn einer Legislaturperiode wählen die Abgeordneten einen oder eine Parlamentspräsident:in sowie die übrigen Mitglieder des Präsidiums. Mit der Wahl des oder der Kanzler:in wird eine Regierung ins Amt gesetzt (▶ Kap. 3). Auch die Wahl von Richter:innen am Bundesverfassungsgericht erfolgt im Plenum des Bundestags.

Präsidium

Die Plenarsitzungen werden abwechselnd von dem oder der Präsident:in und den Vizepräsident:innen geleitet, die gemeinsam das Präsidium bilden. Sie eröffnen und schließen die Sitzungen, rufen die Tagesordnungspunkte auf und erteilen den Redner:innen das Wort. Laut Geschäftsordnung entscheidet der oder die Bundestagspräsident:in zudem über die Reihenfolge der Redner:innen. Dabei ist darauf zu achten, dass »die verschiedenen Parteirichtungen«, »Rede und Gegenrede« sowie die »Stärke der Fraktionen« berücksichtigt werden (GO BT § 28). Faktisch vereinbaren die PGFs (s. u.) die Reihenfolge der Redner:innen. Während der Debatte sorgt die Sitzungsleitung für einen ordnungsgemäßen Verlauf, z. B. können Redner:innen, die vom Thema abschweifen, zur Sache verwiesen werden. Abgeordnete, die während ihrer Reden Beleidigungen aussprechen oder aus dem Saal durch Zwischenrufe stören, können zur Ordnung gerufen werden. In schweren Fällen ist es möglich, Ordnungsgelder zu verhängen oder Abgeordnete sogar von Sitzungen des Bundestags auszuschließen. Bei der Sitzungsleitung wird der oder die amtierende Präsident:in von zwei Schriftführer:innen (jeweils aus einer Koalitionsfraktion und einer Oppositionsfraktion) unterstützt.

> **Sitzungswochen in Berlin**
> Das Plenum tagt in den Sitzungswochen des Bundestags im Reichstagsgebäude. Jährlich gibt es etwa 20 Sitzungswochen, in denen die Bundestagsabgeordneten nach Berlin reisen. Die übrige Zeit verbringen sie in der Regel in ihren Wahlkreisen. Die Sitzungswochen verlaufen nach einem wiederkehrenden Schema:
>
> | | |
> |---|---|
> | Montagnachmittag: | Arbeitskreise bzw. Arbeitsgruppen der Fraktionen, Fraktionsvorstände |
> | Montagabend: | Landesgruppen der Fraktionen |
> | Dienstagvormittag: | Arbeitskreise bzw. Arbeitsgruppen der Fraktionen |
> | Dienstagnachmittag: | Fraktionsversammlungen |
> | Mittwochvormittag: | Ausschüsse und Präsidium |
> | Mittwochnachmittag: | Plenum mit Befragung der Bundesregierung und Fragestunde |
> | Donnerstag ganztägig: | Plenarsitzung, mittags trifft sich der Ältestenrat |
> | Freitag ganztägig: | Plenarsitzung |

Das ist aber nur die öffentlich sichtbarste Aufgabe des Präsidiums, das darüber hinaus für alle Angelegenheiten zuständig ist, welche die Leitung des Parlaments und der Bundestagsverwaltung betreffen, etwa für wichtige Personalangelegenheiten oder für Fragen der Öffentlichkeitsarbeit. Dafür kommt das Präsidium mittwochs um die Mittagszeit vor dem Beginn des Plenums zusammen. In der Praxis ist das Präsidium ein kollegiales Leitungsorgan, aber natürlich übernimmt der oder die Bundestagspräsident:in eine führende Rolle. Er oder sie repräsentiert den Bundestag nach außen und leitet die Behörde; er oder sie steht (nach dem oder der Bundespräsident:in) protokollarisch sogar an zweithöchster Stelle des Staates. Der oder die Präsident:in wird, wie auch die anderen Mitglieder des Präsidiums, für die Dauer einer Wahlperiode gewählt. Das Vorschlagsrecht hat traditionell die größte Fraktion. Eigentlich hat jede Fraktion einen Anspruch darauf, im Präsidium vertreten zu sein. Weil aber die Kandidat:innen gewählt werden, stellt die AfD momentan kein Mitglied im führenden Parlamentsgremium. Alle ihre Kandidat:innen haben bei den Wahlen im Plenum keine Mehrheit erhalten.

Ältestenrat

Das Präsidium ist zwar für die Leitung des Parlaments zuständig, das bezieht sich aber vor allem auf die Verwaltung. Für die – wichtige – Vorbereitung und Steuerung der politischen Arbeit gibt es ein weiteres Gremium: den Ältestenrat. Er besteht aus den Präsidiumsmitgliedern sowie 23 weiteren Abgeordneten aus den Fraktionen entsprechend ihrer Mitgliederzahl. Zentrale Akteur:innen sind dabei die Parlamentarischen Geschäftsführer:innen der Fraktionen (s. u.). *Meike Marschall* ist eine von ihnen. Es sind also nicht die ältesten Parlamentarier:innen, sehr wohl aber erfahrene Abgeordnete im Ältestenrat vertreten, der in jeder Sitzungswoche des Bundestags tagt. Die wichtigste Aufgabe ist dabei, die Tagesordnung des Plenums für die nächste Sitzungswoche zu verabreden. Dafür tagt der Ältestenrat Donnerstagmittag. Welche Gesetzentwürfe, Anträge oder Große Anfragen usw. sollen vom Plenum beraten werden? Wie lange soll die Aussprache zu den einzelnen Tagesordnungspunkten dauern? Diese Entscheidungen werden bereits vor der Sitzung des Ältestenrats in der Runde der Parlamentarischen Geschäftsführer:innen vorbereitet. Einerseits also verleiht der Ältestenrat der Vorarbeit der PGFs einen offiziellen Stempel, andererseits sind auch seine Beschlüsse nur Vorschläge. Vor Aufruf des ersten Tagesordnungspunktes einer Plenarsitzung können nämlich Abgeordnete die Änderung der Tagesordnung beantragen. In der Regel geschieht das aber nicht. Neben der Vorbereitung der aktuellen Plenartagungen ist der Ältestenrat für die langfristige Planung der parlamentarischen Arbeit wichtig, z. B. entscheidet er über den Arbeitsplan des Bundestags, also wann in

Berlin Sitzungswochen sind, über notwendige Baumaßnahmen oder über die Verteilung der Räume auf die Fraktionen. Ziel ist es in den meisten Fällen, zu Vereinbarungen zu kommen, die alle Fraktionen mittragen. Treten während der Plenarsitzungen einmal Streitigkeiten auf, werden auch Fragen zur Auslegung der Geschäftsordnung zum Gegenstand im Ältestenrat gemacht. Der Ältestenrat ist also das Gremium, in dem die Fraktionen, obgleich sie politisch oft anderer Auffassung sind und der politische Streit zwischen ihnen häufig im Vordergrund steht, die Arbeit des Bundestags gemeinsam und im größtmöglichen Konsens organisieren.

Parlamentarische Geschäftsführer:innen

Daran haben die Parlamentarischen Geschäftsführer:innen, wie *Meike Marschall* aus unserem Beispiel, einen entscheidenden Anteil, die sowohl innerhalb ihrer Fraktionen als auch für die Verhandlungen zwischen den Fraktionen zentrale Akteur:innen sind. Obgleich sie, anders als die Fraktionsvorsitzenden, einer breiteren Öffentlichkeit i. d. R. namentlich nicht bekannt sind, gehören sie zu den mächtigen Entscheidungsträger:innen ihrer Fraktionen. Daher werden sie zum Beginn der Wahlperiode, wie die Fraktionsvorsitzenden, aus der Mitte ihrer Fraktionen gewählt. Im Stil von ›Stabschef:innen‹ steuern sie ihre Fraktionen, im Grunde gehen alle Vorgänge über ihren Schreibtisch. Innerhalb der Fraktionen sind sie z. B. zum Beginn der Wahlperiode dafür zuständig, die Abgeordneten auf die Ausschüsse zu verteilen. Sie sind für alle Verfahrens- und Geschäftsordnungsfragen die ersten Ansprechpartner:innen. Hier wird wiederum die Arbeitsteilung in den Fraktionen sichtbar: Die Abgeordneten kümmern sich selbst selten um Verfahrensfragen, sondern verlassen sich diesbezüglich auf ihre Geschäftsführer:innen. Deren Aufgabe ist es auch, die Anträge aus der eigenen Fraktion in den parlamentarischen Willensbildungsprozess einzubringen.

In der Zusammenarbeit zwischen den Fraktionen sind die PGFs dafür zuständig, festzulegen, welche Themen während der nächsten Plenartagung behandelt werden. Dieser Vorschlag dient als Grundlage für die Beratungen des Ältestenrates. Auch über alle anderen Belange, die alle Fraktionen gemeinsam betreffen, wird in der PGF-Runde gesprochen. Diese Runde ist ein informelles Gremium, das sich in keiner Geschäftsordnung findet, aber für die Koordination der Parlamentsarbeit von immenser Bedeutung ist. Die PGFs tagen gleich zweimal im Laufe der Sitzungswoche, nämlich am Dienstagvormittag und noch mal am späten Nachmittag des Mittwochs, um dann schon die darauffolgende Sitzungswoche vorzubereiten. In der Regel herrscht zwischen den PGFs aller Fraktionen trotz der politischen Konkurrenz eine vertrauensvolle, kollegiale Atmosphäre. Dazu tragen vor allem drei Aspekte bei:

1. Die gemeinsame Aufgabe, die Arbeit des Parlaments zu organisieren, befördert die Kooperation. Man macht sich das Leben gegenseitig nicht unnötig schwer.
2. Alle Geschäftsführer:innen sehen sich ähnlichen Herausforderungen gegenüber, etwa interfraktionelle Vereinbarungen in den eigenen Fraktionen zu rechtfertigen. Man teilt gemeinsame Erfahrungen.
3. Die PGF-Runden sind klein und vertraulich und oft währt die Zusammenarbeit schon mehrere Jahre. Man kennt sich. Vertraulichkeit und Vertrauen sind gewissermaßen die Grundvoraussetzungen für die Arbeit der PGFs. Diese können jedoch leicht verloren gehen, beispielsweise wenn Parteien ins Parlament einziehen, welche die Volksvertretung vor allem als Bühne für die Verbreitung extremer oder sogar extremistischer Positionen verwenden und an keiner ernsthaften Kooperation interessiert sind. Entsprechend schwierig gestaltet sich die Zusammenarbeit mit der AfD im Parlament.

Nachdem dieses Kapitel mit dem Gremiengefüge des Bundestags vertraut gemacht hat, wird im Folgenden das Handeln der Abgeordneten im Parlamentsalltag genauer untersucht.

Literatur

Bundeszentrale für politische Bildung (Hrsg.) (2019): Parlamentarische Demokratie, (Informationen zur politischen Bildung Nr. 341), Bonn: Bundeszentrale für politische Bildung, https://www.bpb.de/shop/zeitschriften/izpb/parlamentarische-demokratie-341, Zugriff: 23.05.2023.

Ismayr, Wolfgang (2012): Der Deutsche Bundestag, 3. Auflage, Wiesbaden: Springer VS.

Lang, Ruth/Sobolewski, Frank (2023): So arbeitet der Deutsche Bundestag. Organisation und Arbeitsweise. Die Gesetzgebung des Bundes, Rheinbreitbach: Kürschners Politikkontakte, https://www.btg-bestellservice.de/pdf/10041000.pdf, Zugriff: 04.10.2023.

Schindler, Danny (2019): Politische Führung im Fraktionenparlament. Rolle und Steuerungsmöglichkeiten der Fraktionsvorsitzenden im Deutschen Bundestag, Baden-Baden: Nomos.

Schöne, Helmar (2010): Alltag im Parlament. Parlamentskultur in Theorie und Empirie, Baden-Baden: Nomos.

Schöne, Helmar/Heer, Sebastian (2020): So arbeitet der Sächsische Landtag, 7. Wahlperiode, Rheinbreitbach: Kürschners Politikkontakte.

Schüttemeyer, Suzanne S. (1998): Fraktionen im Deutschen Bundestag 1949–1997. Empirische Befunde und theoretische Folgerungen, Wiesbaden: VS Verlag für Sozialwissenschaften.

6 Wie Abgeordnete im Parlament arbeiten

Wie gelingt es, dass trotz vieler unterschiedlicher Interessen und Standpunkte, die von selbstbewussten, meinungsstarken und auf Einflussnahme drängenden Abgeordneten vertreten werden, am Ende der parlamentarischen Willensbildung mehrheitsfähige politische Entscheidungen zustande kommen? Wie gehen Parlamentarier:innen miteinander um? Wie bringen sie ihre Standpunkte ein? Wie streiten sie? Wie tragen sie Konflikte aus? Wie schließen sie Kompromisse?

Zur Beantwortung dieser Fragen werden zwei Aspekte in den Blick genommen. Zum einen werden die *Regeln* beschrieben, die das Abgeordnetenhandeln anleiten. Unter Regeln verstehen wir dabei nicht Gesetze oder Geschäftsordnungen, sondern ungeschriebene, gewohnheitsrechtliche Regelungen, die das soziale Miteinander der Abgeordneten prägen. Wir kennen zahlreiche solcher ungeschriebenen Regeln, die uns das Zusammenleben erleichtern, aus unserem Alltag: z. B. die Regeln, Dinge, die uns im persönlichen Gespräch anvertraut wurden, nicht herumzuerzählen, das Smartphone in Sitzungen oder beim gemeinsamen Essen nicht laut klingeln zu lassen oder die Reihenfolge von Wartenden nicht durch Vordrängeln zu umgehen. Das sind Erwartungen an das Verhalten unserer Mitmenschen, denen üblicherweise auch entsprochen wird. Indem wir solche im Parlament anzutreffenden Regeln beobachten und beschreiben, können wir ein erstes Bild von der Alltagsarbeit von Abgeordneten zeichnen.

Formale und informale Regeln

Sozialem Handeln – und so auch dem Handeln im Parlament – liegen Regeln zugrunde. Es gibt formale und informale Regeln. *Formale Regeln* beruhen auf Rechtstexten, dazu zählen beispielsweise das Grundgesetz, das Abgeordnetengesetz, die Geschäftsordnung des Bundestags oder die Fraktionsgeschäftsordnungen. Auch Koalitionsvereinbarungen enthalten formale Regeln, die u. a. den Umgang mit Konflikten zwischen Koalitionspartnern regeln. Üblicherweise ist die Verletzung formaler Regeln mit Sanktionen verbunden: Abgeordneten, die ihre Redezeit überschreiten, wird das Wort entzogen; unentschuldigtes Fehlen bei einer namentlichen Abstimmung wird mit einer Geldzahlung geahndet. Neben den formalen Regeln existieren ungeschriebene Normen. *Informale Regeln* erlangen und bewahren ihre Gültigkeit dadurch, dass sie im Alltag immer wieder angewendet werden. Es sind Verhaltenserwartungen, die Akteur:innen aneinander haben. Sie werden im Prozess der parlamentarischen Sozialisation erworben, also von den Abgeordneten im Laufe ihrer Tätigkeit als Politiker:innen erlernt.

Die Beschäftigung mit solchen Regeln begann in der U.S.-amerikanischen Parlamentarismusforschung der 1960er Jahre unter dem Einfluss des Behaviorismus. Das ist eine Forschungsrichtung, die statt des Studiums von Verfassungen und politischen Strukturen die empirische Beobachtung politischen Verhaltens in den Vordergrund gerückt hat. Bücher wie die von Donald R. Matthews und John C. Wahlke et al. gehören heute zu den Klassikern der Disziplin. Damals wurde erstmals von der bekannten ›Apprenticeship-Norm‹ berichtet (Lehrlings-Regel). Danach sehen sich neu ins Parlament gewählte Abgeordnete mit der Erwartung der dienstälteren Kolleg:innen konfrontiert, eine Lehrzeit durchzumachen, also in den Parlamentsgremien zurückhaltend aufzutreten und sich nicht in den Vordergrund zu drängen. Ebenso ist es verpönt, die Suche nach öffentlicher Aufmerksamkeit über die Sacharbeit zu stellen. Es sind die so genannten *work horses* im

> Unterschied zu den *show horses*, die sich am ehesten den Respekt der anderen Abgeordneten verdienen.
>
> Matthews, Donald R. (1960): U.S. Senators and Their World, Chapel Hill: University of North Carolina Press.
> Wahlke, John C./Eulau, Heinz/Buchanan, William/Ferguson, LeRoy C. (1962): The Legislative System. Explorations in Legislative Behavior, New York: John Wiley and Sons.

Zweitens betrachten wir typische *Verhaltensweisen*, Praktiken des Handelns von Volksvertreter:innen. Dem liegt folgender, ursprünglich aus der Ethnologie stammender Gedanke zugrunde, den u. a. der Anthropologe Clifford Geertz formuliert hat: Kultur – in unserem Fall die Kultur einer politischen Institution – stellt sich nicht nur als mentales, psychologisches oder kognitives Phänomen dar, das sich durch Einstellungsuntersuchungen und Befragungen erforschen lässt. Vielmehr zeigt sich Kultur erst im Rahmen sozialen Handelns. Im Handeln finden kulturelle Formen ihren Ausdruck. Solches Handeln lässt sich in Beobachtungsstudien untersuchen. Zwei Schwerpunkte sind dabei für das Verständnis parlamentarischer Prozesse besonders interessant: Praktiken der Interessendurchsetzung und Praktiken der Kompromissbildung von Abgeordneten. Wie gelingt es Politiker:innen, ihre politischen Positionen im Parlament durchzusetzen? Wie werden widerstreitende Interessen angenähert und Kompromisse gebildet?

Die Beschreibung der Regeln und Verhaltensweisen beruht auf Interviews und Beobachtungsstudien, die im Deutschen Bundestag und in einem Landtag durchgeführt wurden.[13] Dabei wurde sowohl in die Faktionen geschaut als auch auf die Beziehungen und das Miteinander der Abgeordneten verschiedener Fraktionen. Zunächst ist es aber notwendig, nochmals die Rahmenbedingungen zusammenzufassen, unter denen Abgeordnete im Parlament agieren.

---

13 Vgl. Schöne, Helmar (2010): Alltag im Parlament. Parlamentskultur in Theorie und Empirie, Baden-Baden: Nomos.

Fragmentierte Expert:innen-Parlamente

Deutsche Parlamente – und auch der Bundestag – sind fragmentierte Expert:innen-Parlamente. Hinter dieser – zunächst etwas rätselhaften – Bezeichnung verbergen sich zwei Aspekte: Erstens sind die Abgeordneten im Parlament als Spezialist:innen für bestimmte Politikfelder zuständig. Abgeordnete sind Expert:innen z. B. für Gesundheitspolitik, Umweltpolitik oder Innenpolitik. Zweitens ist der Arbeit im Bundestag durch Interessenvielfalt und Interessendifferenzen bestimmt. Abgeordnete:r zu sein, heißt, Konflikte auszutragen und sich Konkurrenz stellen zu müssen. Das Parlament ist in einzelne Teile zergliedert, zersplittert, also fragmentiert. Beide Aspekte, das Expertentum und die Fragmentierung, prägen die Alltagsarbeit von Abgeordneten nachhaltig.

Dieser Alltag besteht großteils aus dem Abarbeiten eines verbindlichen Stundenplans. Die Abfolge der – im vorhergehenden Kapitel beschriebenen – Gremiensitzungen schafft ein festgezurrtes Korsett von Terminen und lässt wenig individuellen Gestaltungsspielraum. Als ihre wichtigste Aufgabe im Parlament betrachten Abgeordnete die Gesetzgebung; kein Wunder, ist doch die Gremienarbeit – nicht nur, aber vor allem – Gesetzgebungsarbeit. Daher haben Abgeordnete überwiegend eine realistische Sichtweise auf das Parlament, die nicht von idealistischen Verklärungen oder übertriebenen normativen Ansprüchen – Wunschvorstellungen – dominiert wird. Das Parlament ist eine Gesetzgebungsmaschinerie, und Abgeordnete bekommen in der arbeitsteiligen Institution spezifische Aufgaben zugewiesen.

Diese Arbeitsteilung beginnt bereits in den Fraktionen bei der Zuweisung der Abgeordneten in verschiedene Ausschüsse und somit Arbeitskreise. Damit einher geht trotz gemeinsamer Parteizugehörigkeit und gemeinsam geteilter politischer Überzeugungen die Erfahrung von Konkurrenz und von politischem Streit auch innerhalb der eigenen Fraktion. Konkurrenz als elementare parlamentarische Erfahrung prägt nicht nur die Arbeit im Parlament insgesamt, sondern auch in den Fraktionen. Abgeordnete konkurrieren u. a. um Posten, um Redezeitanteile, um Ressourcen und natürlich um Aufmerksamkeit für ihre politischen Anliegen und Themen. Aus der Perspektive von Gremienvorsitzenden, seien es Arbeitskreisvorsitzende oder Fraktionsvorsitzende, stellen sich die Interessenvielfalt und die Konkurrenz als zu bearbeitendes Integrationsproblem dar. Ihre Aufgabe ist es nämlich, aus den vielstimmigen und miteinander konkurrierenden Mitgliedern eine harmonisch auftretende Gemeinschaft zu formen, die mit einer Stimme spricht.

Die politischen und ideologischen Differenzen zu den anderen Fraktionen leisten einen wichtigen Beitrag, damit diese Integrationsaufgabe gelingen kann. Häufig heißt es, die Schärfe der politischen Auseinandersetzung während der Plenardebatten sei durch die Öffentlichkeit verursacht und außerhalb des Plenarsaals sei der Umgang zwischen den Abgeordneten verschiedener Fraktionen ein ganz anderer, nämlich kollegialer, sachbezogener und kooperativer. Das darf aber nicht zu dem Fehlschluss verleiten, dass in der Alltagsarbeit der nichtöffentlichen Gremien die Fraktionsgrenzen verschwinden oder zumindest verschwimmen. In allen Fraktionsgremien – in Arbeitskreisen, Vorständen und Vollversammlungen – geschieht immer wieder das Gegenteil: Die Grenzziehungen zum politischen Gegner werden hervorgehoben und die ideologischen Unterschiede betont, um sich in den alles andere als einheitlichen Fraktionen gegenseitig der verbindenden politischen Gemeinsamkeiten zu versichern. Abgrenzung nach außen zur Festigung der Bindungen nach innen.

Regeln in den Fraktionen

Neben der Abgrenzung nach außen gibt es bestimmte in den Fraktionen geltende informale Regeln, welche die Fliehkräfte abmildern und die Fraktionen zusammenhalten sollen, sie lassen sich mit den Begriffen *Spezialisierung* und *Solidarität* bezeichnen.

Spezialisierung

Zunächst wird von den Abgeordneten erwartet, sich in die zugewiesenen Aufgabenfelder einzuarbeiten und sie im Parlament kompetent und informiert zu bearbeiten. Dazu zählt etwa, die Gremiensitzungen und übertragene Termine gewissenhaft wahrzunehmen sowie Vorlagen zuverlässig und fristgerecht zu erarbeiten. Die Verantwortung in einem Politikfeld übertragen bekommen zu haben, bedeutet auch, die Verteilung von Zuständigkeiten und die Abgrenzung von Fachgebieten zu beachten. Es wird nämlich nicht gerne gesehen, wenn sich Abgeordnete in die Kompetenzbereiche anderer Kolleg:innen einmischen oder sich gar in den Medien zu Politikfeldern äußern, die von anderen Abgeordneten vertreten werden. Als Expert:innen eines Fachgebietes können und wollen sich Abgeordnete aufgrund der Arbeitsbelastung, welche die verantwortliche Bearbeitung eines Themengebietes mit sich bringt, nicht nur nicht mit anderen Themen beschäftigen, die verbreitete Norm der Nicht-Einmischung untersagt es ihnen auch.

Wenn Verantwortungsbereiche strikt getrennt sind, braucht es eine intensive Kommunikation zwischen allen beteiligten Akteur:innen, um die Effizienz der Zusammenarbeit zwischen den verschiedenen Themengebieten zu sichern. Auch dafür gibt es Regeln: So dürfen Abgeordnete die rechtzeitige Beteiligung aller von einer politischen Initiative betroffenen Kolleg:innen nicht versäumen, und sie müssen bei der Einbringung von Vorlagen oder Änderungsanträgen die fraktionsinternen Hierarchien und Verfahrenswege genau beachten.

Auch die Beteiligung in den Gremiensitzungen der Fraktionen ist durch Verhaltensnormen geregelt. Wortbeiträge sollen zur Sache sein und kurz gehalten werden. Keine Freund:innen machen sich Abgeordnete, die meinen, zu allen Themen ihre Sicht der Dinge darlegen zu müssen. ›Drumherumreden‹, ›Dauerreden‹ und ›Phrasendreschen‹ stoßen schnell auf Ablehnung. Das gilt vor allem für die Fraktionsversammlungen, in denen prägnante Stellungnahmen gefordert sind. Insbesondere wenn Abgeordnete zu Themen das Wort ergreifen, die nicht ihr eigenes Arbeitsgebiet betreffen, sollten sie das mit sachlich begründeten und belegbaren Argumenten tun. Anderenfalls werden sie kaum die Aufmerksamkeit ihrer Kolleg:innen gewinnen. Ähnlich wird auf Ablehnung stoßen, wer die Fraktionsgremien wiederholt mit Themen belastet, die schon einmal nicht mehrheitsfähig gewesen sind. Abstimmungsniederlagen anzuerkennen und sich nicht zu verkämpfen, lautet stattdessen die Verhaltenserwartung.

Solidarität

Neben den Regeln zur Spezialisierung und Nicht-Einmischung in Fachgebiete anderer existieren in den Fraktionen Solidaritäts- und Loyalitätserwartungen. Sie sollen gegen das Auseinanderdriften wirken, das durch die Aufgabentrennung und das Expertentum droht. Die Solidaritätserwartungen tragen dazu bei, dass die Fraktionen als Handlungseinheiten agieren und im Parlament ein geschlossenes Erscheinungsbild abgeben. Gegenüber der eigenen Fraktion solidarisch zu sein, bedeutet vor allem, mehrheitlich getroffene Entscheidungen mitzutragen und sich öffentlich nicht gegen sie zu positionieren, auch wenn man im Willensbildungsprozess selbst anderer Auffassung war. Die Fraktionsgemeinschaft schätzt es nicht, wenn die gemeinsam beschlossene Fraktionslinie öffentlich kritisiert wird, sei es gegenüber Wähler:innen im Wahlkreis oder gegenüber Medienvertreter:innen. Auch öffentliche Kritik an der eigenen Fraktionsführung wird als illoyal empfunden. Selbst prominente Abgeordnete, die in der Öffentlichkeit Reputation genießen, in den Medien eine Stimme haben und meinungsbildend sind, isolieren sich in ihren Fraktionen, wenn sie Kritik an den eigenen Reihen öffentlich überziehen. Persönliche Profilierung auf Kosten der Fraktion zu betreiben, ist verpönt. Diese Erwartung an die Fraktionsdisziplin bezieht sich nicht nur auf die Akzeptanz mehrheitlich getroffener Entscheidungen, sondern auch auf die Ankündigung neuer politischer Initiativen. Wer eine solche einbringen möchte, sollte damit nicht gleich an die Öffentlichkeit treten, sondern sie zuvor in den Fraktionsgremien besprechen.

> **Fraktionsdisziplin, nicht Fraktionszwang**
> Ein bei der Beschäftigung mit Parlamenten immer wieder zu hörender Begriff ist der des ›Fraktionszwangs‹. Selbst in der Medienberichterstattung wird er von Journalist:innen oft verwendet. Trotzdem ist er unzutreffend. Mit ›Fraktionszwang‹ wird gemeinhin die Tatsache erklärt, dass Fraktionen im Parlament einheitlich auftreten und alle Abgeordneten einer Fraktion gemeinsam für eine Position stimmen. Der Begriff suggeriert, dass Abgeordneten mit Zwang gedroht wird, wenn sie nicht mit ihrer Fraktion handeln. Die Geschlossenheit von Fraktionen ist aber nicht das Ergebnis von Drohungen und Einschüchterungen, sondern eine direkte Folge des mehrfach erwähnten Gegensatzes zwischen Regierungsmehrheit und Opposition. Im Parlament kommen nicht voneinander isolierte Abgeordnete zusammen. Es treten Mannschaften gegeneinander an. Wie im Sport kann eine Mannschaft auch im Parlament nur dann gewinnen, wenn sie als Team auftritt und gemeinsam für ihren Erfolg kämpft. Statt Fraktionszwang ist daher der Begriff der Fraktionsdisziplin viel besser geeignet.
> Der Politikwissenschaftler Werner J. Patzelt hat einmal zusammengetragen, welche Mechanismen dazu beitragen, dass in den Fraktionen politische Geschlossenheit entsteht:
>
> - Fraktionsmitglieder sind durch gemeinsame Wertvorstellungen, politische Erfahrungen und Interessen verbunden.
> - Spezialisierung und Arbeitsteilung prägen die parlamentarische Arbeit. Nicht jeder Abgeordnete kennt sich in allen Politikfeldern aus. Daher verlassen sich die Abgeordneten untereinander auf das Expertenwissen der Kolleg:innen.

> - Beschlüsse in den Fraktionen werden ausgehandelt, in Konfliktfällen sind sie oft Kompromisse zwischen verschiedenen Interessen.
> - Für die Abgeordneten ist selbstverständlich das Mehrheitsprinzip gültig. Gibt es keinen Konsens oder Kompromisse, sondern eine Mehrheitsentscheidung, akzeptiert die unterlegene Minderheit den Willen der Mehrheit.
> - In den Fraktionen herrscht ein Geben und Nehmen. Mal geben die einen nach und stellen ihre Auffassungen zurück, mal die anderen.
> - Nur wenige Entscheidungen sind wirkliche Gewissensfragen, häufig geht es um Sachfragen, bei denen sich am Ende die besseren Argumente durchsetzen.
> - Weil die Abgeordneten wissen, dass eine zerstrittene Fraktion in der Öffentlichkeit nicht gut angesehen ist, bemühen sie sich um Zusammenhalt. Denn der Erfolg des einzelnen Abgeordneten ist abhängig vom Erfolg der Gesamtfraktion.
> - Wenn Abgeordnete einer Entscheidung ihrer Fraktion nicht folgen können, gibt es für sie im Parlamentsalltag Ausweichmöglichkeiten (gilt nicht bei Grundsatzentscheidungen, bei denen jede Stimme zählt): Sie können einer Abstimmung fernbleiben oder zu ihrem Abstimmungsverhalten eine persönliche Erklärung abgeben.
>
> Patzelt, Werner J. (1998): Wider das Gerede vom ›Fraktionszwang‹! Funktionslogische Zusammenhänge, populäre Vermutungen und die Sicht der Abgeordneten, in: Zeitschrift für Parlamentsfragen, H. 2, S. 323–347.

Die Solidaritätserwartungen konkretisieren sich in spezifischen Verhaltensnormen. Ohnehin ist in den Fraktionsgeschäftsordnungen geregelt, dass beabsichtigtes abweichendes Stimmverhalten im Plenum rechtzeitig der Fraktionsführung mitgeteilt werden muss. Ebenso wird erwartet, dass Abgeordnete, welche die Initiierung oder Beteiligung an fraktionsübergreifenden Anträgen beabsichtigen, vorher den Fraktionsvorstand informieren. Die so genannten Reziprozitätserwartungen sind gegenüber Fraktionskolleg:innen viel stärker ausgeprägt als gegenüber anderen Parlamentarier:innen. Dahinter verbirgt sich die Bereitschaft zur wechselseitigen Unterstützung politischer Vorhaben. Nur wer bereit ist, die politischen Initiativen anderer mitzutragen, kann für die eigenen auf Unterstützung rechnen. Abgeordnete sollten also grundsätzlich bereit sein, zu kooperieren und Tauschgeschäfte einzugehen.

In den Regierungsfraktionen wird Solidarität nicht nur fraktionsintern, sondern auch gegenüber der Regierung und ihrer Politik erwartet. Umgekehrt sind die Regierungsvertreter:innen aufgefordert, das Parlament ernst zu nehmen und die Anliegen und Auffassungen der Abgeordneten zu berücksichtigen. Konkret wird etwa von den Minister:innen gewünscht, dass sie regelmäßig in den Facharbeitskreisen ihrer Fraktionen anwesend sind, um die Regierungspolitik zu erläutern und die Anliegen der Mehrheitsfraktionen aufzunehmen. Ist ihnen eine Teilnahme an der Arbeitskreissitzung selbst nicht möglich, sollten mindestens die (parlamentarischen) Staatssekretär:innen anwesend sein. Deutlich missbilligt wird, wenn Minister:innen nie oder nur selten im zuständigen Fachausschuss erscheinen.

Regeln zwischen Fraktionen

Auch für die Zusammenarbeit über Fraktionsgrenzen hinweg existieren viele Regeln. Solche Normen sichern die Arbeitsfähigkeit des durch unterschiedliche politische Positionen und politische Konkurrenz geprägten Parlaments. Sie entschärfen die politische Rivalität und befrieden den politischen Wettbewerb, indem sie den persönlichen Umgang zwischen Abgeordneten regeln und Kooperation und Kompromissbildung ermöglichen. Mit den Begriffen *Respekt*,

Kooperationsbereitschaft, Verlässlichkeit, Sachkunde und *Fairness* lassen sich die wichtigsten dieser Regeln beschreiben.

Respekt

Im Kontakt mit dem politischen Gegner und auch über Fraktionsgrenzen hinweg respektvoll und freundlich miteinander umzugehen, zählt zu den zentralen Regeln politischer Arbeit. »Hart in der Sache, aber verbindlich im Ton«, lautet eine immer wieder zitierte Regel. Streit um die Sache soll persönlichen Beziehungen und einem kollegialen Umgang unter Abgeordneten nicht im Wege stehen. Um die Persönlichkeit des politischen Gegners zu respektieren, sollten persönliche Herabsetzungen und Beleidigungen in der politischen Auseinandersetzung ebenso unterlassen werden wie die Verwendung von Informationen aus der Privatsphäre von Politiker:innen. Das allerdings ist in der modernen Mediendemokratie, in der das Persönliche eher Nachrichtenwert hat als das Sachargument, oft schwer durchzuhalten.

Kooperationsbereitschaft

Auch über Fraktionsgrenzen hinweg existiert die oben erwähnte Reziprozitätsregel, also die Erwartung, dass sich Abgeordnete, vor allem die eines Fachgebietes, gegenseitig unterstützen. Dazu zählt etwa, Kolleg:innen mit Informationen oder Materialien weiterzuhelfen, über die sie selbst nicht verfügen, oder auf Anfrage zu signalisieren, wie man sich zu einem bestimmten Problem in den Gremien verhalten wird. Oft unterrichten sich die zuständigen Fachpolitiker:innen gegenseitig über das vorgesehene Abstimmungsverhalten im Ausschuss oder Plenum. Stimmt nämlich z. B. die Opposition einem Entwurf der Regierungsfraktionen ohnehin zu, ist es nicht nötig, dass alle Abgeordneten der Mehrheit bei der Abstimmung anwesend sind. Auch so genannte Pairing-Vereinbarungen beruhen auf gegenseitiger Absprache: Können nicht alle Mitglieder einer Fraktion im Ausschuss oder Plenum anwesend sein, werden die anderen Fraktionen auf die Bitte der unterbesetzten Fraktion hin einige ihrer Abgeordneten ebenfalls nicht an anstehenden Abstimmungen teilnehmen lassen. So bleibt das Stärkeverhältnis zwischen den Fraktionen in den Gremien gewahrt. Damit erhöht sich die Effizienz der parlamentarischen Arbeit, weil nicht alle Abgeordneten bei allen Abstimmungen anwesend sein müssen.

Verlässlichkeit

Die Voraussetzung für wechselseitige fraktionsübergreifende Unterstützung ist Vertrauenswürdigkeit und Verlässlichkeit. Nur wer sein Wort hält und verlässlich und absprachegemäß handelt, wird als Kooperationspartner:in akzeptiert. Abgeordnete, die gegen die Regel verstoßen, getroffene Absprachen oder gegebene Zusagen einzuhalten und vereinbarte Vertraulichkeit zu wahren, tun das um den Preis, ihre Verhandlungspartner:innen zu verlieren. Wer einmal hintergangen wurde, ist schwer wieder für gemeinsame Vorhaben zu gewinnen. Kommt es doch einmal vor, dass Vereinbarungen nicht eingehalten werden können, wird eine rechtzeitige Information der Verhandlungspartner:innen erwartet. In der Regel wird ein solches Zurücknehmen von Verabredungen auch akzeptiert, weil im Parlament alle Akteur:innen wissen, dass Absprachen oder erzielte Kompromisse im Interessengeflecht der Fraktionen nicht immer auf ungeteilte Zustimmung treffen. Besonders ausgeprägt ist die Regel, Verabredungen einzuhalten und über Details aus Verhandlungen Stillschweigen zu bewahren, in der Runde der Parlamentarischen Geschäftsführer:innen (▶ Kap. 5).

Sachkunde

Die Zusammenarbeit zwischen Abgeordneten verschiedener Fraktionen nimmt ihren Ausgangspunkt in der Regel in der Ausschussarbeit, in Obleutegesprächen oder im Austausch zwischen den für ein Politikfeld zuständigen Fachabgeordneten und Berichterstatter:innen. Wie fraktionsintern erzielen auch fraktionsübergreifend am ehesten jene Abgeordneten die Anerkennung ihrer Kolleg:innen, die kompetent, gut informiert und sachkundig handeln – und ihre belastbaren Argumenten am besten in freier Rede präsentieren. Parlamentarier:innen dagegen, die nicht zur Sache reden, ungenügend eingearbeitet sind oder meinen, sich zu jedem Thema äußern zu müssen, stoßen schnell auf Missbilligung.

Fairness

In allgemeiner Form lautet die Fairness-Regel, unterschiedliche Meinungen zu akzeptieren und anderen Auffassungen Raum zu geben. Die Bereitschaft zum Kompromiss und zum Interessenausgleich sind für Abgeordnete unabdingbare Voraussetzung, um erfolgreich arbeiten zu können. Für die Mehrheit im Parlament bedeutet das, die Minderheitenrechte zu akzeptieren und der Opposition ausreichend Gelegenheit zu geben, ihre Auffassungen zu präsentieren. Für die Opposition bedeutet es, die Regierung und die sie tragenden Fraktionen konstruktiv zu kritisieren, aber nicht mit ›unnötigen Verfahrenstricks‹ das parlamentarische Geschäft aufzuhalten, weil sich am Ende die Parlamentsmehrheit ohnehin durchsetzen würde. Als unnötige Verfahrenstricks gelten z. B. die kurzfristige und vorher nicht angekündigte Beantragung von namentlichen Abstimmungen oder Anträge, zu fortgeschrittener Tageszeit die Beschlussfähigkeit des Plenums feststellen zu lassen.

Fazit: Verhandlungskultur

Diese Regeln erleichtern den Austausch über Fraktionsgrenzen hinweg und sie tragen zu einer Verhandlungskultur bei, die den Ausgleich unterschiedlicher Interessen ermöglicht und der Zusammenarbeit im Parlament insgesamt dient. Es darf aber nicht übersehen werden, dass diese Regeln die Konkurrenz zwischen den Fraktionen zwar regulieren, aber nicht überwinden. Konkurrenz bleibt das bestimmende Merkmal der parlamentarischen Arbeit.

Verhaltensweisen und -praktiken im Parlamentsalltag

Abgeordnete treibt es an, Einfluss auf politische Entscheidungen nehmen zu wollen. Das versuchen sie, wie die vorhergehende Darstellung gezeigt hat, in den Gremien einer hochgradig arbeitsteilig organisierten und hierarchisierten Institution. Als Spezialist:innen eines Fachgebietes konkurrieren die Parlamentarier:innen untereinander um Einfluss, Ressourcen und Prestige.

Interessendurchsetzung

Wie gehen die Abgeordneten in den einzelnen Gremien vor, um sich in Entscheidungsprozessen durchzusetzen? Für Abgeordnete, die in ihren Fraktionen keine Führungspositionen innehaben, sind die Facharbeitskreise der Fraktionen die Orte, an denen die Interessendurchsetzung beginnt. Dort formulieren sie ihre Positionen – sei es in Form eigener Anträge und Initiativen oder als Reaktion auf Vorlagen anderer Fraktionskolleg:innen. Für Anträge stellt die Diskussion im Arbeitskreis die erste zu überwindende Hürde dar. Werden nicht einmal die Abgeordneten des eigenen Arbeitskreises für eine Initiative gewonnen, ist es i. d. R. kaum möglich, diese mit Erfolg weiter zu verfolgen. Gegebenenfalls können die Abgeordneten versuchen, den Arbeitskreis zu einem späteren Zeitpunkt erneut mit dem Thema zu befassen. Andererseits sind die Arbeitskreise Orte der offenen Diskussion, welche die Möglichkeit bieten, Versuchsballone abzuschicken; Initiativen können hier auf ihre Realisierbarkeit und Durchsetzbarkeit überprüft werden. In allen Fraktionsgremien, und so auch in den Arbeitskreisen, genügt es nicht, eine Vorlage erst während der Gremiensitzung vorzustellen, wenn man eine Mehrheit gewinnen möchte. Empfehlenswerter ist es, sich bereits im Vorfeld um die Unterstützung anderer Abgeordneter zu bemühen. Besonders wichtig ist dabei die Unterstützung des Arbeitskreisvorsitzenden. Abgeordnete aus Regierungsfraktionen sollten zusätzlich vorab die Durchsetzungschancen beim Koalitionspartner klären sowie die betroffenen Ministerien einbeziehen. Deshalb ist es für Abgeordnete so wichtig, im Parlament ein dichtes Netzwerk an Kontakten zu knüpfen, in dem man sich durch Geben und Nehmen gegenseitig unterstützt.

> **Interview mit einem Arbeitskreisvorsitzenden einer Mehrheitsfraktion im Deutschen Bundestag**
> »Das eine ist diese Grundregel: Sie kommen nie mit dem Kopf durch die Wand, dann blocken alle, weil ja alle Abgeordneten immer so kleine Fürsten sind und genau wissen, wenn sie nein sagen, ist das ein Machtfaktor. Das hat nun mal jede und jeder Abgeordnete. Also brauchen Sie genau diese Diplomatie, dass Sie mit allen vorher persönlich gesprochen haben, die wichtig sind für den Entscheidungsgang einer bestimmten Sache. Und dieses Feeling dafür und auch diese persönliche Ansprache und ... Das gilt jetzt nicht nur für die eigenen, sondern das gilt natürlich auch für die Kollegen vom Koalitionspartner (...), mit denen (Sie) auch sehr konstruktiv umgehen müssen und nicht brüsk und die Sie dann so ..., also nicht mit der Tür ins Haus fallen, sondern sie jeweils vorbereiten und dafür werben, sie mögen doch derselben Meinung sein wie man selber, damit man das gemeinsam hinkriegt. Und man muss natürlich auch an bestimmten Stellen zu Kompromissen fähig sein, das geht einfach nicht anders. Also man kriegt nie alles durch, was man sich wünscht, aber man kriegt mehr durch, wenn man kooperativ ist, auch konziliant, integrativ und zäh, aber auch immer einen langen Atem hat.«[14]

Während der Arbeitskreissitzungen versuchen die Abgeordneten, ihren Einfluss mit Argumenten und durch kompetentes Auftreten

---

14 Zitiert nach Schöne, Helmar (2010): Alltag im Parlament. Parlamentskultur in Theorie und Empirie, Baden-Baden: Nomos, S. 131.

geltend zu machen. Für kompetente Politikfeld-Expert:innen werden Parlamentarier:innen aufgrund von Fachkenntnissen, rhetorischen Fähigkeiten und sozialen Kompetenzen gehalten. Es kommt also darauf an, die eigenen Standpunkte in übersichtlichen Diskussionsbeiträgen zu präsentieren und sie sachlich, am besten gestützt auf Zahlen, Quellen oder andere Autoritäten, zu begründen. Auch bietet es sich an, Sachverhalte aus verschiedenen Perspektiven zu beleuchten. Die souveräne Beantwortung von Nachfragen sowie die selbstbewusste Entkräftung möglicher Einwände helfen bei der Überzeugungsarbeit. Als sozial kompetent gilt, wer sympathisch und kompromissbereit auftritt und vertrauensvoll und zuverlässig handelt.

Umgang mit Konflikten

Wo verschiedene Abgeordnete ihre Initiativen und Interessen einbringen, ist es der Normalfall, das Konflikte entstehen, Lösungen für Streitigkeiten gefunden und Kompromisse geschmiedet werden müssen. Wie gelingt es in den Fraktionen, Konflikte zu bearbeiten und Kompromisse zu schließen? Wir bezeichnen das als Dissensmanagement, also die Art und Weise, wie mit Meinungsverschiedenheit verfahren wird. Zunächst gibt es einige Voraussetzungen, die es erleichtern, in den Fraktionen zu konstruktiver Zusammenarbeit und zu gemeinsamen Positionen zu gelangen; dazu gehören gemeinsame Erfahrungen und übereinstimmende Einstellungen und Werthaltungen von Abgeordneten sowie funktionierende Arbeits- und Verhandlungszusammenhänge.

Einen Parlamentssitz zu erringen, ist üblicherweise das Ergebnis langjährigen politischen Engagements in einer Partei. Bis Politiker:innen in den Bundestag einziehen, haben sie in den meisten Fällen also bereits eine lange politische Karriere hinter sich. Politische Karrieren verlaufen, wie auch Berufskarrieren, in typischen Bahnen. Dabei haben die Abgeordneten bestimmte Kenntnisse und Fähigkeiten erworben, etwa wie sie politische Positionen formulieren, wie sie in der Öffentlichkeit auftreten oder wie sie zu Verhandlungslösungen gelangen. Diese gemeinsamen Erfahrungen schaffen ein verbindendes ›Berufsverständnis‹, dass die Kompromissfähigkeit der Parlamentarier:innen begünstigt. Außerdem erleichtern ideologische Gemeinsamkeiten den Interessenausgleich zwischen den Abgeordneten. Parlamentarier:innen stammen aus unterschiedlichen Regionen, Generationen und politischen Zusammenhängen. Umfragen haben aber gezeigt, dass die meisten von ihnen bei allen Unterschieden – in den Fraktionen ohnehin, aber auch fraktionsübergreifend – in grundsätzlichen Einstellungen und Werthaltungen übereinstimmen, etwa zu Wahlen und zur Demokratie, zum Grundgesetz oder zur Rolle des Parlaments in unserem politischen System. Abgeordnete an den äußersten Rändern des politischen Spektrums sind davon aber ausgenommen.

Eine zweite Voraussetzung für erfolgreiches Dissensmanagement besteht in den Organisationsstrukturen der Fraktionen, die es ermöglichen, Konflikte rechtzeitig zu erkennen und in verschiedenen Stadien des Willensbildungsprozesses zu bearbeiten. Bis nämlich in den Fraktionsversammlungen endgültig über Beschlussvorlagen entschieden wird, haben sie mehrere Fraktionsgremien durchlaufen. In der Regel wird ein Vorhaben zunächst von den Fachpolitiker:innen in den zuständigen Arbeitskreisen erörtert, wo es meist sogar mehrmals auf der Tagesordnung steht. Dann geht es in den geschäftsführenden Fraktionsvorstand, in dem die stellvertretenden Fraktionsvorsitzenden, unter denen die Zuständigkeiten für einzelne Politikfelder verteilt sind, über mögliche Konflikte in ihren Bereichen berichten. Der geschäftsführende Fraktionsvorstand bereitet jene Entscheidungen vor, die dann im Fraktionsvorstand und der Fraktionsvollversammlung getroffen werden. Neben diesem Durchlauf durch die Gremien sind ungelöste Konflikte natürlich auch bevorzugte Themen für den informellen Austausch zwischen Abgeordneten. Zusätzlich findet eine Koordination zwischen den Politikfeldern auch auf der Mitarbeiter:innen-Ebene statt, wenn sich beispielsweise die Referent:innen verschiedener Arbeitskreise austauschen. Es stellt sich also im parlamentarischen Ablauf relativ früh heraus, ob Vorlagen zügig im Konsens verabschiedet werden können oder ob sie inhaltlich umstritten sind und zu politischen Auseinandersetzungen führen werden. Konflikte entstehen nicht überraschend, sie kündigen sich an und entwickeln sich. Entsprechend ist die Kompromisssuche kein einmaliger Vorgang, der etwa vor einer abschließenden Gremiensitzung Anlass zu hektischer Betriebsamkeit gibt. Vielmehr findet die Erarbeitung gemeinsamer Positionen in langwierigen, zeitintensiven Kommunikationsprozessen statt.

Kompromisse
Demokratische Entscheidungen sind fast immer Kompromissentscheidungen. Das ist eine Folge der Interessenvielfalt in pluralistischen Gesellschaften. Wo es die Freiheit zur Artikulation politischer Interessen gibt, sind diese in der Regel so vielfältig, dass ein Ausgleich zwischen ihnen gefunden werden muss. Obgleich also der Kompromiss das Lebenselixier der Demokratie ist, hat er keinen guten Ruf und ist unbeliebt. Das zeigt z. B. die Bezeichnung ›faule Kompromisse‹ und die Tatsache, dass wir mit Kompromissen oft hadern, eben weil sie von unseren ursprünglichen Wünschen und Interessen abweichen und nur eine zweitbeste Lösung sind.

Die Philosophin Veronique Zanetti hat ein Buch über das Wesen des Kompromisses geschrieben. Darin zeigt sie u. a., dass Kompromisse aus zwei Teilen bestehen: dem Prozess der Aushandlung und dem Ergebnis der Kompromisssuche. Beide Aspekte sind voraussetzungsvoll: Damit ein Aushandlungsprozess in Gang kommt, müssen alle Beteiligten zur Kooperation bereit sein und akzeptieren, dass sich ihre Ziele nicht vollumfänglich verwirklichen lassen. Ist ein Ergebnis gefunden, ein Kompromiss erzielt, muss das von den Verhandlungspartnern auch anerkannt – und sogar verteidigt – werden.

Im Übrigen haben die U.S.-amerikanischen Politikwissenschaftler:innen John Hibbing und Elizabeth Theiss-Morse gezeigt, dass viele Bürger:innen bereits mit dem Prozess der Kompromisssuche fremdeln, sie lehnen politischen Streit und kompliziertes Dissensmanagement ab. Das halten die beiden Autoren für eine Erklärung dafür, dass Parlamente zu den am wenigsten beliebten politischen Institutionen gehören, weil in ihnen ständig gestritten und debattiert wird.

Natürlich erschwert die von Zanetti aufgezeigte Tatsache, dass Kompromisse im Ergebnis nicht immer gut, häufig auch nicht gerecht sind, ihre Akzeptanz. Trotzdem sind die Bereitschaft zur Kompromissbildung und die Suche nach dem Verbindenden statt der Betonung des Trennenden politische Tugenden und zentrale Voraussetzungen für das Funktionieren unserer Demokratie. Trotz des Lobs des Kompromisses muss es allerdings Bereiche geben, die Kompromissen entzogen sind. Dazu gehören die Grundprinzipien der Demokratie und der Verfassung. Denn die demokratischen Institutionen und Verfahren sowie die liberalen Freiheitsrechte bilden erst den Rahmen für die Kompromisssuche zwischen verschiedenen Parteien. Diesen Rahmen gilt es, gegen Angriffe oder auch nur Versuche der Beschränkung – ganz kompromisslos – zu verteidigen.

Zanetti, Véronique (2022): Spielarten des Kompromisses, Berlin: Suhrkamp.
Hibbing, John R./Theiss-Morse, Elizabeth (1995): Congress as Public Enemy. Political Attitudes toward American Political Institutions, New York: Cambridge University Press.

Dabei haben die Gremienvorsitzenden, vor allem die Arbeitskreisvorsitzenden sowie die Fraktionsvorsitzenden und ihre Stellvertreter:innen, eine wichtige Rolle inne. Sie sind nämlich am Ende dafür verantwortlich, einen Kompromiss zu finden, wenn ein Thema auch nach einem längeren Diskussionsprozess noch strittig bleibt. Dafür bemühen sie sich um eine gute Atmosphäre in den Sitzungen: In Gremien, in denen ein Gemeinschaftsgefühl existiert und in denen sich die Mitglieder sozial verbunden fühlen, ist es leichter, Konflikte zu bearbeiten. In der Sache, nicht aber persönlich zu streiten, erleichtert die Vermittlung zwischen konträren Auffassungen. Wenn in Konflikten persönliche Verletzungen bestehen bleiben, fällt es schwerer, Kompromisslösungen nicht als Gesichtsverlust zu empfinden. Eine konstruktive Arbeitsatmosphäre zu schaffen, ist die eine Aufgabe von Gremienvorsitzenden, die andere besteht in der Sicherstellung von Offenheit und Transparenz. Offen ist ein Entscheidungsprozess, wenn alle Mitglieder eines Fraktionsgremiums die Gelegenheit erhalten, ihre Positionen darzustellen. Transparenz wird erreicht, indem die Entscheidungswege und -verfahren eingehalten werden. Wenn die einzelnen Entscheidungsschritte und die Gründe für einen Beschluss nachvollziehbar sind, fällt es denjenigen, die in der Minderheit sind, leichter, die gefundenen Lösungen zu akzeptieren, als wenn Entscheidungen den Eindruck hinterlassen, ausgekungelt oder gegen Bedenken durchgedrückt worden zu sein.

Das Geschäft der Kompromissfindung verläuft in den Arbeitskreisen, Fraktionsvorständen und Fraktionsversammlungen ähnlich. Aufgabe der Vorsitzenden ist es immer, die Stimmungslage in ihren Gremien richtig einzuschätzen und die Brisanz möglicher Streitpunkte zu erkennen. Sie müssen dann zwischen Konkurrent:innen vermitteln und Kompromissvorschläge unterbreiten, welche die verschiedenen Interessen aufnehmen. Dabei müssen auch die Vorsitzenden selbst korrekturfähig bleiben, wenn sich ihre Positionen in den Fraktionsgremien als nicht mehrheitsfähig erweisen. Vorsitzende können nicht gegen die Mehrheit in ihren Gremien handeln. Im Meinungsbildungsprozess ist es wichtig, die unstrittigen Punkte festzuhalten und die strittigen abzutrennen. So kann es gelingen, bereits erzielte Einigungen zu Einzelaspekten nicht wieder zu gefährden und die verbleibenden Streitpunkte möglichst überschaubar zu halten.

Eine Möglichkeit, um Konflikte zu lösen, kann es sein, Fachexpert:innen von außen einzubeziehen, z. B. Wissenschaftler:innen oder Verbandsvertreter:innen in Fraktionsgremien einzuladen, um konkurrierende Positionen zu überprüfen und zu hinterfragen. Gelingt es während der Gremiensitzungen nicht, eine Einigung zu erzielen, ist ein weiterer Lösungsweg, streitende Abgeordnete zu gesonderten Gesprächen an einen Tisch zu holen, um ihre Positionen anzunähern. Außerdem führen Gremienvorsitzende viele persönliche Gespräche mit einzelnen Abgeordneten, um deren Zustimmung für einen Kompromissvorschlag bzw. für die Position des Gremienvorstands zu gewinnen. Üblicherweise folgt die Kompromisssuche den drei Kommunikationsformen Argumentieren, Verhandeln und Appellieren. Wenn sich nach dem Austausch von Argumenten weder ein Konsens noch eine Kompromisslinie abzeichnet, beginnt das Verhandeln, also die Suche nach einer Position, in der sich Gewinne und Verluste aller Streitparteien ausgleichen. Stellen sich auch über Verhandlungen keine Ergebnisse ein, bleibt abschließend nur das Appellieren. Die Bitten, geschlossen aufzutreten oder die gemeinsamen ideellen und programmatischen Grundlagen nicht zu verlassen, sind verbreitete Varianten solcher Appelle, mit denen versucht wird, Abgeordnete von einer abweichenden Haltung abzubringen.

Interview mit einem Arbeitskreisvorsitzenden einer Mehrheitsfraktion im Deutschen Bundestag
»Sie müssen unheimlich viele Gespräche führen, einzelnen auch mal sagen: ›Leute, jetzt müsst ihr auch mal verzichten und eure Forderung zurückstellen.‹ Das klappt nun nicht immer, aber manchmal klappt es dann auch im Interesse des Gemeinsamen. Also, es ist wirklich eine Arbeit, wo Sie unendlich viele Gespräche führen, informell, formell, telefonisch, persönlich, im Plenum. Also allein am Rande des Plenums, wenn Sie da sitzen und wir da immer babbeln, da sind sicher auch ein paar Gespräche mal so zur Entspannung, aber der Hauptteil ist, Kollegen davon zu überzeugen, oder auch umgekehrt mal selbst überzeugt zu werden, dass es in die Richtung langgehen soll und nicht in die andere. Das können ganz kleine Punkte sein. Also das ist …, also es gibt kein Thema, was nicht richtig Arbeit und Kraft kostet und die Kraft heißt fast immer, eine unendliche Summe von Gesprächen.«[15]

---

15 Zitiert nach Schöne, Helmar (2010): Alltag im Parlament. Parlamentskultur in Theorie und Empirie, Baden-Baden: Nomos, S. 150.

Gelingt es nicht, einen Kompromiss zu finden, und hatten die Streitparteien ausreichend Gelegenheit, ihre Positionen darzustellen, kommt irgendwann die Zeit für eine Mehrheitsentscheidung. Eine solche werden Gremienvorsitzende nur dann suchen, wenn sicher ist, dass der Vorschlag in der Abstimmung nicht durchfällt. Wurde eine Entscheidung mit Mehrheit gefällt, wird erwartet, dass auch die unterlegenen Abgeordneten das Ergebnis akzeptieren. Solche Mehrheitsentscheidungen werden in den Fraktionen aber nur als letztmögliche Lösung angesehen. Sie gilt es, besser zu vermeiden, weil beispielsweise ein Arbeitskreis in der Fraktion nur Gewicht hat, wenn seine Mitglieder einig auftreten. Wenn Fraktionen in der Öffentlichkeit zerstritten auftreten, sind sie – wie erwähnt – häufig nicht gut angesehen. Außerdem besteht bei Mehrheitsentscheidungen immer die Gefahr, verletzte Minderheiten zu hinterlassen, die der Atmosphäre in der Fraktion schaden. Das erschwert die zukünftige Zusammenarbeit in der Fraktion unnötig; besser ist es, bei Abstimmungen persönliche Verletzungen und Entmutigungen zu vermeiden. Daher gehen Gremienvorsitzende nach einer Abstimmung auch auf die unterlegenen Abgeordneten zu, um zu vermeiden, dass sie sich ausgegrenzt fühlen und isolieren. Nach der Abstimmung ist immer vor der Abstimmung.

Kompromisssuche in Koalitionen

Öffentlich viel sichtbarer als unterschiedliche Positionen innerhalb der Fraktionen sind die politischen Auseinandersetzungen in Koalitionen, weil die verschiedenen Parteien ihre Auffassungen oftmals mit besonderem Nachdruck zum Ausdruck bringen, um sich vor der eigenen Anhängerschaft zu profilieren. In Dreierkoalitionen ist die Verständigung zwischen den Koalitionspartnern noch mal schwieriger, weil sich drei verschiedene Parteien auf eine Position einigen müssen.

> **Auszug aus dem Koalitionsvertrag 2021–2025 zwischen der SPD, den Grünen und der FDP**
> »Im Deutschen Bundestag und in allen von ihm beschickten Gremien stimmen die Koalitionsfraktionen einheitlich ab. Das gilt auch für Fragen, die nicht Gegenstand der vereinbarten Politik sind. Wechselnde Mehrheiten sind ausgeschlossen. Über das Verfahren und die Arbeit im Parlament wird Einvernehmen zwischen den Koalitionsfraktionen hergestellt. Anträge, Gesetzesinitiativen und Anfragen auf Fraktionsebene werden gemeinsam oder im Ausnahmefall im gegenseitigen Einvernehmen eingebracht.«[16]

Um die aus dem Koalitionsvertrag zitierte Vereinbarung zu erfüllen und eine möglichst reibungslose Zusammenarbeit aller Koalitionäre zu gewährleisten, besteht ein dichtes Netz von Kontakten und Gesprächskreisen. Weil das Zusammenhalten einer Koalition viel Kommunikation und Abstimmung miteinander erfordert, finden zahlreiche dieser Kontakte informell statt: in telefonischen Absprachen oder in persönlichen Gesprächen am Rande von Ausschuss- oder Plenarsitzungen. Wie innerhalb der Fraktionen folgt auch die Herstellung gemeinsam geteilter Positionen zwischen den Koalitionspartnern in der Regel der hierarchischen Organisation der Fraktionen *bottom-up*. Die in den Arbeitskreisen zusammengefassten Fachpolitiker:innen bilden eine erste Entscheidungsebene. Zum Beginn einer Sitzungswoche stimmen sie sich miteinander ab, um mit gemeinsamen Positionen in die Plenarwoche zu gehen. Üblicherweise kommen dazu Koalitionsarbeitskreise zusammen, die zusätzlich zu den Arbeitskreissitzungen der Fraktionen tagen. Manchmal sind sich dabei die für ein Fachgebiet zuständigen Abgeordneten der Koalitionspartner, obgleich sie verschiedenen Parteien angehören, näher als

---

16 SPD/Grüne/FDP (2021): Mehr Fortschritt wagen. Bündnis für Freiheit, Gerechtigkeit und Nachhaltigkeit. Koalitionsvertrag 2021–2025 zwischen der Sozialdemokratischen Partei Deutschlands (SPD), Bündnis 90/Die Grünen und den Freien Demokraten (FDP), Berlin, S. 138.

die Fachpolitiker:innen verschiedener Politikfelder innerhalb einer Fraktion. Beispielsweise kann es sein, dass sich die Umweltpolitiker:innen über Parteigrenzen hinweg schnell einig sind, ihre Initiativen aber gegen die Wirtschaftspolitiker:innen der eigenen Fraktionen verteidigen müssen. Konflikten, die nicht auf der Fachebene der Arbeitskreise gelöst werden können, nehmen sich dann die Fraktionsführungen an. Kann auch zwischen den Fraktionsvorsitzenden keine Einigung erzielt werden, ist letztlich der Koalitionsausschuss gefordert. Tagt der außerplanmäßig, wird das in der Medienberichterstattung schnell als ein Zeichen für eine Koalitionskrise gedeutet.

> **Auszug aus dem Koalitionsvertrag 2021–2025 zwischen der SPD, den Grünen und der FDP**
> »Die Koalitionspartner treffen sich monatlich zu Koalitionsgesprächen im Koalitionsausschuss, um grundsätzliche und aktuelle politische Fragen miteinander zu diskutieren und die weitere Arbeitsplanung miteinander abzustimmen. Darüber hinaus treffen sie sich zu allen Angelegenheiten von grundsätzlicher Bedeutung, die zwischen den Koalitionspartnern abgestimmt werden, sowie zu Angelegenheiten, deren Beratung einer der Koalitionspartner wünscht. Der Koalitionsausschuss bereitet die Leitlinien der Arbeit der Koalition vor. Der Koalitionsausschuss besteht aus ständigen Vertreterinnen und Vertretern der drei Koalitionspartner, darunter die Parteivorsitzenden, der Bundeskanzler und die Spitzen der Regierung, der Chef des Bundeskanzleramtes sowie die Vorsitzenden der Koalitionsfraktionen im Deutschen Bundestag. Sitzungen des Koalitionsausschusses werden gemeinsam vorbereitet.«[17]

---

17 Ebd.

Regierungs- und Oppositionsfraktionen

Mehrheitsentscheidungen sind in den Fraktionen selten und in Koalitionen braucht es immer Einvernehmen, sonst kommt eine politische Initiative nicht auf den Weg. Das ist anders im Verhältnis zwischen den Regierungs- und Oppositionsfraktionen. Hier muss unterschieden werden zwischen Verfahrens- und Inhaltsfragen. In Verfahrensfragen erzwingen häufig die Geschäftsordnungsregelungen, die der Mehrheit wie der Opposition bestimmte Rechte zusprechen, die Suche nach Kompromissen und nach gemeinsam geteilten Lösungen. Ohne Kompromisse wäre ein ordnungsgemäßer Parlamentsbetrieb nicht zu gewährleisten. Die zu finden und die Arbeit des Parlaments gemeinsam zu organisieren, ist – wie oben beschrieben – vor allem Aufgabe der Parlamentarischen Geschäftsführer:innen. Inhaltliche Fragen dagegen werden in der Regel mit Mehrheit entschieden. Die Diskussionen in den Ausschüssen und im Plenum zwischen Mehrheit und Opposition finden von vornherein im Wissen um die kommende Mehrheitsentscheidung statt. Ausnahmen ergeben sich, wenn das Verfassungsrecht Zweidrittelmehrheiten vorschreibt, politische Überlegungen für eine Beteiligung der Minderheitsfraktionen sprechen oder die Mehrheitsverhältnisse im Bundesrat eine Zusammenarbeit mit der Opposition erfordern.

> **Informelles Handeln im Parlament**
> Zwar verbringen Abgeordnete einen Großteil der Plenarwochen in Berlin in Gremiensitzungen, aber natürlich finden auch viele Kontakte und Gespräche nebenher statt. Solche informellen Austausche sind für die politische Entscheidungsfindung sehr wichtig, weil die Suche nach Kompromissen viel Kommunikation erfordert. Wir kennen das aus unserem Alltag, wenn sich beispielsweise Probleme in der Schule besser im Pausengespräch mit der Lehrkraft als in der Unterrichtsstunde besprechen lassen, wenn Kolleg:innen in einem Betrieb während des gemeinsamen Mittagessens auf Lösungen für ein aufgetretenes Problem stoßen oder wenn die Mannschaftsaufstellung für den Sportverein statt im

Training beim anschließenden Umtrunk besprochen wird. So gibt es auch im Parlament eine Fülle von Gelegenheiten, die dem informellen Austausch zwischen Abgeordneten dienen. Viele dieser Kontakte finden am Rande von Gremiensitzungen oder politisch-gesellschaftlichen Veranstaltungen statt. Beispiele sind die Wandelhalle vorm Plenarsaal oder die Gänge vor den Sitzungssälen der Ausschüsse. Auch in den Fraktionsversammlungen kann beträchtliche Unruhe und aufgrund vieler informeller Gespräche ein fortwährendes Kommen und Gehen herrschen. Abgeordnete unterhalten sich nicht nur mit ihren Sitznachbar:innen, sondern laufen durch die Gänge, begrüßen Kolleg:innen und sprechen sogar gezielt woanders sitzende Abgeordnete an – vom Geschehen auf dem Podium, auf dem der Fraktionsvorstand sitzt, und vom Verlauf der Tagesordnung scheinbar unbeeindruckt. Andere Gelegenheiten zum informellen Austausch ergeben sich beim gemeinsamen Essen oder Trinken, am Telefon oder in eigens vorgesehenen Runden für die informelle Kommunikation.

Diese Unterscheidung von Gelegenheiten zeigt, dass es keinen strikten Gegensatz von formellem und informellem Handeln gibt. Vielmehr haben wir uns ein Kontinuum zwischen den beiden Handlungspolen vorzustellen. In der Plenarsitzung mit der festgelegten Reihenfolge von Redner:innen, die eine genau begrenzte Redezeit zur Verfügung haben, findet beispielsweise formelles Handeln statt. Wenn sich Abgeordnete beim Mittagessen in der Bundestagskantine treffen, geht es sehr informell zu. Irgendwo zwischen diese beiden Gelegenheiten ist die PGF-Runde (▶ Kap. 5) einzuordnen, die einerseits informell ist, weil sie in keiner Geschäftsordnung und keinem Organigramm vorgesehen ist, andererseits aber regelmäßig tagt und der Ort ist, an dem offizielle Entscheidungen, die etwa im Ältestenrat fallen, vorbereitet werden.

Auch ein weiteres Missverständnis ist auszuräumen: Informalität bedeutet in der Regel nicht, dass Hierarchien aufgehoben werden und der informelle Austausch das Zusammenkommen von

Personen ermöglicht, die sonst nichts miteinander zu tun haben. In der Regel finden informelle Kontakte zwischen Politiker:innen statt, die auch im formalen Politikbetrieb miteinander arbeiten. Auch in den informellen Kommunikationsbeziehungen spiegelt sich die parlamentarische Arbeitsteilung wider. Normalerweise unterhalten informelle Beziehungen Personen, die hierarchisch auf einer Stufe stehen, also Fachpolitiker:innen mit Fachpolitiker:innen, Referent:innen mit Referent:innen oder Parlamentarische Geschäftsführer:innen mit Parlamentarischen Geschäftsführer:innen.

In informellen Gesprächen geht es entweder um Verfahrensfragen, um politisch-inhaltliche Fragen oder um Personalfragen. Teilweise wird aber auch ohne besonderen Anlass aus sozialen Gründen kommuniziert. Abgeordnete berichten, dass die informelle Kommunikation sich vor allem in zwei Situationen intensiviert: Wenn es um Entscheidungen über die Besetzung von Ämtern geht und wenn Sachfragen strittig sind. Steht die Besetzung von Positionen an, bemühen sich nicht nur die Bewerber:innen darum, ausreichend Stimmen hinter sich zu versammeln, auch die Fraktionsvorstände werden versuchen, Einfluss zu nehmen, um ein austariertes Machtgefüge in der Fraktion sicherzustellen. Bei Sachfragen werden informelle Kommunikationskanäle genutzt, um eine günstige Ausgangsposition für die Durchsetzung von Interessen zu erreichen, also bei der Entscheidungsvorbereitung am Beginn des formellen Willensbildungsprozesses. Ferner findet informelle Kommunikation dann statt, wenn die Willensbildung ins Stocken geraten oder blockiert ist.

Informelles Handeln hat also nichts mit kungeln oder politischen Grauzonen zu tun. Informelle Runden haben Vorteile, welche die Entscheidungsfindung im Parlament erleichtern: Es entfallen Prestigefragen, die es erschweren, eigene Positionen zu räumen und Kompromisse einzugehen, sobald Öffentlichkeit anwesend ist. Informalität ermöglicht den Verhandlungspartner:innen ihr Gesicht zu wahren, wenn sie sich mit ihren Anliegen nicht durchsetzen. Bei informellen Treffen muss es keine Tagesordnungen oder Protokolle geben, was flexiblere Verhandlungen und eine versuchsweise Formulierung von Lösungsvorschlägen ermöglicht. Häufig sind informelle Prozesse auf einen bestimmten Gegenstand oder ein einziges Problem bezogen; es kann so lange verhandelt werden, bis eine Lösung gefunden ist. Informelle Vorabsprachen sparen Zeit im formellen Willensbildungsprozess, sie erhöhen die Effizienz beim Entscheiden.

Literatur

Geertz, Clifford (1991): Dichte Beschreibung. Beiträge zum Verstehen kultureller Systeme, Frankfurt/Main: Suhrkamp.
Herzog, Dietrich/Rebenstorf, Hilke/Weßels, Bernhard (Hrsg.) (1993): Parlament und Gesellschaft. Eine Funktionsanalyse der repräsentativen Demokratie, Opladen: Westdeutscher Verlag.
Oertzen, Jürgen von (2006): Das Expertenparlament. Abgeordnetenrollen in den Fachstrukturen bundesdeutscher Parlamente, Baden-Baden: Nomos.
Reiser, Marion/Hülsken, Claudia/Schwarz, Bertram/Borchert, Jens (2011): Das Reden der Neulinge und andere Sünden. Parlamentarische Sozialisation und Parlamentskultur in zwei deutschen Landtagen, in: Zeitschrift für Parlamentsfragen, H. 4, S. 820–834.
Rüb, Friedbert W. (2022): Mikropolitologie. Auf dem Weg zu einem einheitlichen Konzept?, in: Korte, Karl-Rudolf/Florack, Martin (Hrsg.): Handbuch Regierungsforschung, 2. Auflage, Wiesbaden: Springer VS, S. 339–348.
Schneider, Ute/Willems, Ulrich (2023): »Eine der größten Erfindungen der Menschheit«, in: Themenblätter im Unterricht, Thema Kompromisse machen, Nr. 137, S. 3–5, https://www.bpb.de/shop/materialien/themenblaetter/543946/kompromisse-machen/, Zugriff: 20.12.2023.
Schöne, Helmar (2010): Alltag im Parlament. Parlamentskultur in Theorie und Empirie, Baden-Baden: Nomos.
Schöne, Helmar (2014): Informalität im Parlament: Forschungsstand und Forschungsperspektiven, in: Bröchler, Stephan/Grunden, Timo (Hrsg.): Infor-

melle Politik. Konzepte, Akteure und Prozesse, Wiesbaden: Springer VS, S. 155–175.

Schöne, Helmar (2020): Oppositionsarbeit im Parlamentsalltag – eine mikropolitische Perspektive, in: Bröchler, Stephan/Glaab, Manuela/Schöne, Helmar (Hrsg.): Kritik, Kontrolle, Alternative. Was leistet die parlamentarische Opposition?, Wiesbaden: Springer VS, S. 141–162.

Schöne, Helmar (2022): Steuerung und Fraktionsmanagement von Regierungsfraktionen. »Die Mehrheit muss stehen.«, in: Korte, Karl-Rudolf/Florack, Martin (Hrsg.): Handbuch Regierungsforschung, 2. Auflage, Wiesbaden: Springer VS, S. 381–389.

Willner, Roland (2014): Neu im Parlament. Parlamentarische Einstiegspraktiken am Beispiel der Hamburgischen Bürgerschaft, Baden-Baden: Nomos.

7 Wer die Abgeordneten sind

Wer sind die Abgeordneten des Deutschen Bundestags und wo kommen sie her?

Die Biografien aller Abgeordneten finden sich in *Kürschners Volkshandbuch Deutscher Bundestag*, das kostenlos von der Website des Bundestags heruntergeladen werden kann.

 Kürschners Volkshandbuch Deutscher Bundestag

Ebenfalls ist auf dieser Website das *Datenhandbuch zur Geschichte des Deutschen Bundestages* zu finden. Es dokumentiert in Statistiken und chronologischen Übersichten die Arbeit des Bundestags.

 Datenhandbuch zur Geschichte des Deutschen Bundestags

Die folgende Darstellung bezieht sich auf diese Datengrundlage zur Mitte der 20. Wahlperiode, also vor der Aufspaltung der Fraktion Die Linke.

Geschlecht

In den ersten 40 Jahren nach Gründung der Bundesrepublik Deutschland waren Frauen im Parlament eine kleine Minderheit; bis 1987 betrug ihr Anteil durchgängig nicht einmal 10 %. Die 30 %-Marke des Frauenanteils wurde erstmals 1998 überschritten. Der Anstieg in den 1990er Jahren ist vor allem auf die Entstehung der Grünen als neuer Partei und die Einführung von Frauenquoten in den linken Parteien des politischen Spektrums (SPD, Grüne, Linke) zurückzuführen. In den letzten Wahlperioden lag der Frauenanteil im Bundestag immer bei etwa einem Drittel. Nach den Wahlen 2017 gab es aber auch einen Einbruch: Der Anteil weiblicher Abgeordneter sank von 36,5 % in der 18. Wahlperiode (2013–2017) auf 30,7 % in der Legislaturperiode von 2017 bis 2021. Das war der niedrigste Wert seit 20 Jahren. Im 20. Bundestag, der 2021 gewählt wurde, sind 34,9 % der Abgeordneten Frauen. In einigen deutschen Landesparlamenten ist der Frauenanteil noch niedriger, den geringsten mit jeweils um die 27 % haben die Landtage von Bayern, Sachsen und Sachsen-Anhalt. Die meisten Parlamentarierinnen mit einem Anteil deutlich über 40 % finden sich in der Hamburger Bürgerschaft.

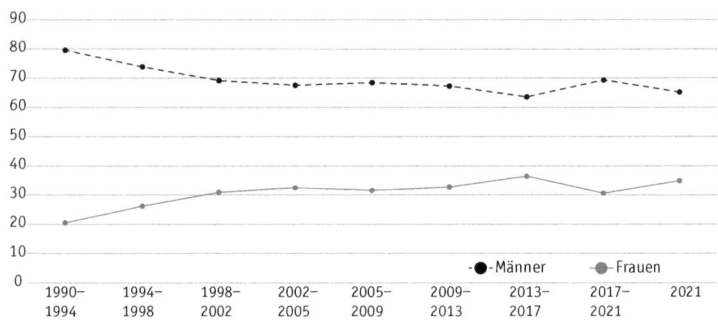

Abb. 14: Frauen- und Männeranteil im Deutschen Bundestag seit 1990 in Prozent (Quelle: eigene Darstellung nach *Datenhandbuch zur Geschichte des Deutschen Bundestages*).

Im Bundestag zeigen sich große Unterschiede zwischen den Fraktionen. In der Fraktion der Grünen, der Linken und der SPD sorgen die erwähnten, schon länger bestehenden verbindliche Quotenregelungen für ein ausgeglichenes Zahlenverhältnis zwischen Männern und Frauen, weil sie die Parteien verpflichten, bereits bei der Aufstellung der Kandidat:innen einen ausgewogenen Frauenanteil zu berücksichtigen. Die Grünen haben mit 59,3 % die meisten weiblichen Abgeordneten und auch in der Fraktion Die Linke sind die Frauen mit 53,8 % in der Mehrheit. In der sozialdemokratischen Fraktion beträgt der Frauenanteil 41,7 %. Die AfD dagegen wird von Männern dominiert, hier liegt der Frauenanteil gerade mal bei 13,4 %. Sehr niedrig ist die Zahl der Frauen nach wie vor auch in der CDU-Fraktion (23,4 %) und in der FDP (25,0 %).

In der Bundesregierung wurde die Unterrepräsentanz von Frauen erstmals beendet. Im Kabinett von Kanzler Olaf Scholz waren zum Amtsantritt 2021 acht Frauen unter den 16 Minister:innen. Auch hier gab es Unterschiede zwischen den Parteien. Unter den SPD-Minister:innen fanden sich vier Bundesministerinnen und drei Bundesminister. Die FDP stellte drei Minister und eine Ministerin. Bei den Grünen waren von fünf Minister:innen drei Frauen und zwei Männer. Durch den Rücktritt der Verteidigungsministerin 2023, auf die ein Mann nachfolgte, verschob sich das Geschlechterverhältnis wieder leicht.

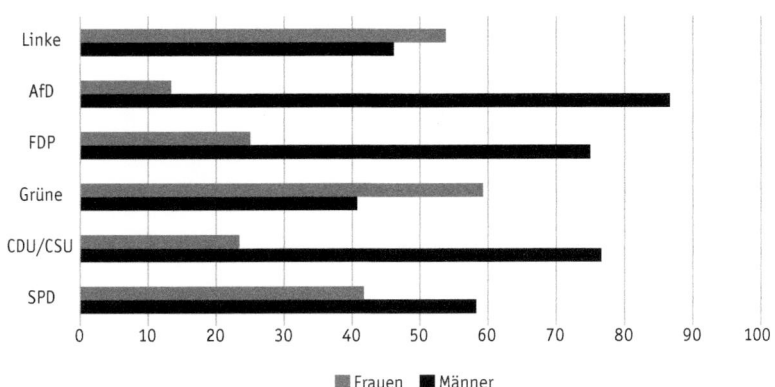

Abb. 15: Frauen- und Männeranteil in den Fraktionen des Deutschen Bundestags in der 20. Wahlperiode in Prozent (Quelle: eigene Darstellung nach *Datenhandbuch zur Geschichte des Deutschen Bundestages*).

Ein Weg, der zuletzt diskutiert wurde, um die Repräsentanz von Frauen in den Parlamenten zu verbessern, sind so genannte Parité-

Gesetze (▶ Kap. 4), um die Parteien zu verpflichten, auf ihren Listen gleich viele Männer und Frauen aufzustellen. Denn die Ursachen für die wenigen Frauen im Parlament liegen bereits weit im Vorfeld der Wahlen, bei der Benennung von Kandidat:innen durch die Parteien. Das zeigen eindrücklich die folgenden Zahlen: Bei der Bundestagswahl 2021 sind 6.211 Kandidat:innen angetreten, davon waren 2.024 Personen weiblich (32,6 %). In den Parteien werden also Männer gegenüber Frauen bei der Besetzung politischer Ämter deutlich bevorzugt. Wo es Quotenregelungen gibt, führen die zwar auf den Landeslisten zu einem ausgewogenen Verhältnis von Männern und Frauen, in den Wahlkreisen sind aber nach wie vor die Männer in der Überzahl. Der Anteil der Frauen, die über Parteilisten ins Parlament einzogen, lag bei 40,6 %, aber bei den in den Wahlkreisen direkt gewählten Abgeordneten betrug der Frauenanteil nur 26,1 %. Einerseits ist es der Türsteher-Effekt, der in den regionalen Parteigremien mit vielen einflussreichen Männern Frauen den Zugang zu Kandidaturen erschwert. Andererseits sind es auch weniger Frauen, die für politische Ämter kandidieren. Dafür werden auch Unterschiede in der Sozialisation und unterschiedliche Geschlechterrollen als Erklärung herangezogen.

Alter

Zum Beginn einer Wahlperiode steht traditionell der oder die älteste bzw. dienstälteste Abgeordnete im Mittelpunkt der Öffentlichkeit, weil er oder sie die erste – konstituierende – Plenarsitzung eröffnet. Das war 2021 der 79 Jahre alte Wolfgang Schäuble (CDU). Das Geburtsjahr der jüngsten Abgeordneten in der 20. Wahlperiode des Bundestags ist 1998. Das Durchschnittsalter aller Abgeordneten lag im Jahr 2021 bei 47 Jahren. Die AfD und die Linke mit einem Altersdurchschnitt von 50 bzw. 51 Jahren sind die ältesten Fraktionen. Die Grünen (43 Jahre) sind diejenigen mit dem niedrigsten Durchschnittsalter. SPD (46 Jahre), FDP (47 Jahre) und CDU/CSU (49 Jahre) liegen dazwischen.

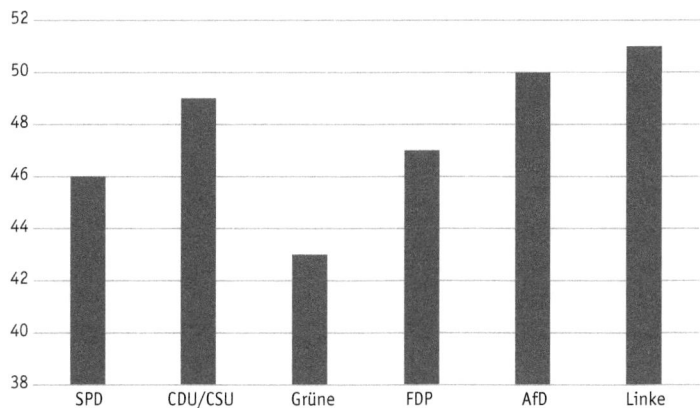

Abb. 16: Durchschnittsalter in den Fraktionen des Deutschen Bundestags in der 20. Wahlperiode in Jahren (Quelle: eigene Darstellung nach *Datenhandbuch zur Geschichte des Deutschen Bundestages*).

Der ganz überwiegende Teil aller Abgeordneten, gut zwei Drittel, entstammt den Altersgruppen zwischen 40 und 65 Jahren. Ähnlich wie die Frauen sind also auch jüngere Abgeordnete unter 30 Jahren im Parlament unterrepräsentiert. Ihr Anteil betrug 2021 6,5 %. In der Gesamtbevölkerung ist der Anteil der Altersgruppe der 18- bis 30-Jährigen mehr als doppelt so hoch. Trotz der niedrigen Zahl waren niemals zuvor so viele unter 30-Jährige im Bundestag vertreten wie in der aktuellen Wahlperiode – in der vorigen Legislaturperiode betrug ihr Anteil nur 1,9 %. Die meisten dieser jungen Abgeordneten gehören den Fraktionen der Grünen und der SPD an, in denen 21,2 % bzw. 12,6 % der Fraktionsmitglieder 1991 oder später geboren wurden. Eine ähnliche Altersgliederung findet sich auch in vielen Landesparlamenten, weil Abgeordnete in der Regel in der Mitte ihres Lebens stehen und sowohl Lebens- als auch Berufserfahrung mit ins Parlament bringen.

Bildung und Beruf

Im Lebenslauf der allermeisten Bundestagsabgeordneten hat sich an ihre Schulzeit mit Abitur ein Studium an einer Hochschule angeschlossen: 55,8 % der Parlamentarier:innen verfügen über einen Universitätsabschluss und 14,8 % über einen Fachhochschulabschluss. Noch einmal 16 % der Abgeordneten tragen sogar einen Doktortitel. Gut 86 % der Bundestagsabgeordneten haben also studiert. In der Bevölkerung beträgt der Anteil der Hochschulabsolvent:innen etwa ein Viertel. Die Fraktionen mit den meisten Hochschulabsolvent:innen sind die Grünen (92,4 %) und die CDU/CSU (90,4 %). Die wenigsten Abgeordneten, die über einen Hochschulabschluss verfügen, finden sich in der AfD (80,7 %) und der SPD (81,6 %). Bei FDP und Linken beträgt der Akademiker:innen-Anteil 89,1 % bzw. 84,6 %. Die Liste der von Bundestagsabgeordneten studierten Fächer wird von Geistes- und Gesellschaftswissenschaften sowie Jura und Verwaltungswissenschaften angeführt. Die drittgrößte Gruppe bilden die Abgeordneten mit einem wirtschaftswissenschaftlichen Studium.

Die meisten Abgeordneten mit einer Lehre als Berufsabschluss sind in den drei Fraktionen der AfD (10,8 %), der Linken (10,3 %) und der SPD (9,7 %) anzutreffen. Die wenigsten Parlamentarier:innen mit einem Lehrabschluss haben die Grünen (1,7 %). Diese Zahlen belegen eindrucksvoll die oft gehörte Klage, im Parlament würden sich heute gar keine Arbeiter:innen mehr finden. Eine zunehmende Akademisierung findet sich in allen deutschen Parlamenten, da inzwischen nicht nur eine gute Schulbildung, sondern auch eine Hochschulausbildung zur faktischen Eingangsvoraussetzung für den Beruf des Abgeordneten geworden ist.

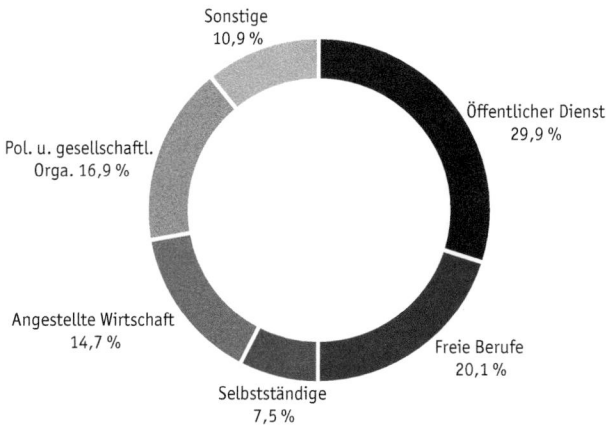

Abb. 17: Berufsstruktur des Deutschen Bundestags in der 20. Wahlperiode (Quelle: eigene Darstellung nach Statista 2023,[18] gerundet).

Die größte Berufsgruppe unter den Bundestagsabgeordneten stellen die Beschäftigen des öffentlichen Dienstes. Hinter den knapp 30 % Beamt:innen und Angestellten verbergen sich unter anderem Berufe wie Verwaltungsmitarbeiter:innen, Wissenschaftler:innen, Angestellte von Kommunalverwaltungen oder Lehrer:innen. Eine Ursache für den relativ hohen Anteil öffentlich Bediensteter liegt in der beruflichen Rückkehrgarantie, wenn die Mandatstätigkeit zu Ende geht. Das ist in allen deutschen Parlamenten ähnlich, die daher manchmal als ›Beamt:innen-Parlamente‹ bezeichnet werden. Auch die Selbstständigen und die Angehörigen freier Berufe bilden eine vergleichsweise große Gruppe, sie stellen knapp ein Drittel der Abgeordneten. Selbstständige sind z. B. die Inhaber:innen von Handwerksbetrieben, etwa aus dem Bau- und Baunebengewerbe, Gewerbetreibende oder Besitzer:innen von Firmen für Technik- und Finanzdienstleistungen.

---

18 Statista (2023): Anzahl der Mitglieder des 20. Deutschen Bundestages (MdB) nach Berufsgruppen (Stand: Juli 2022), https://de.statista.com/statistik/daten/studie/454090/umfrage/mitglieder-des-deutschen-bundestages-nach-berufsgruppen, Zugriff: 23.05.2023.

Ein typischer so genannter freier Beruf ist der des Rechtsanwaltes. Mit knapp 17 % bilden die 125 Volksvertreter:innen, die vormals als Mitarbeiter:innen von Parteien oder Abgeordneten oder in gesellschaftliche Organisationen wie Gewerkschaften tätig waren, die drittgrößte Berufsgruppe. Eine ganze Anzahl der Mandatsträger:innen war also bereits vor der Wahl in den Bundestag politiknah berufstätig; ihr Beruf war schon immer die Politik. Weitere knapp 15 % der Parlamentarier:innen waren vormals in der Wirtschaft als Arbeitnehmer:innen angestellt.

Wie die Altersstruktur ähnelt auch die Berufsstruktur des Bundestags der anderer deutscher Parlamente, in denen z. B. nur wenige Arbeiter:innen oder Hausfrauen anzutreffen sind. Abgeordnete stammen häufig aus Berufsgruppen, die ihre Arbeitszeit relativ flexibel einteilen können, um damit die notwendigen Freiräume für politisches Engagement zu schaffen. Es sind überwiegend Personen mit Berufs- und Lebenserfahrung, die im Bundestag das Volk vertreten. Indem sie in ihrer Berufspraxis verantwortungsvolle Positionen besetzt und Leitungsaufgaben wahrgenommen haben, konnten sie auch für die Politik wichtige Fähigkeiten erlernen, z. B. Kommunikationsgeschick und Führungsstärke.

Bevor sie Abgeordnete wurden, waren die meisten Parlamentarier:innen nicht nur berufstätig, sondern sie heirateten auch und viele gründeten eine Familie. 60 % der Abgeordneten sind verheiratet, davon haben 48 % Kinder. Erwartungsgemäß ist das traditionelle Familienmodell in den so genannten bürgerlichen Fraktionen, der CDU/CSU und der FDP, das dominante. Über 70 % der Unions-Abgeordneten und gut Zweidrittel der FDP-Parlamentarier:innen sind verheiratet. Am niedrigsten ist die Zahl der Verheirateten in der Linke-Fraktion (41 %).

Konfession

Der Anteil der Bundestagsabgeordneten, die einer der beiden großen christlichen Kirchen angehören, entspricht etwa dem Bevölkerungsdurchschnitt. 53,9 % der Parlamentarier:innen bekennen sich zur katholischen oder evangelischen Kirche, in der Bevölkerung waren es 2022 knapp die Hälfte der Bürger:innen. Interessant sind hier die Unterschiede zwischen den Fraktionen: In der CDU/CSU-Fraktion gehören die allermeisten Abgeordneten einer christlichen Kirche an (91,8 %). Das ist mit großem Abstand die höchste Zahl, auf Platz zwei der Fraktionen mit vielen Kirchenmitgliedern folgt die FDP, in der 57,6 % der Volksvertreter:innen evangelisch oder katholisch sind. Das ganze Gegenteil ist bei der Fraktion Die Linke der Fall: Nur 7,0 % ihrer Abgeordneten geben im Volkshandbuch an, einer christlichen Glaubensgemeinschaft anzugehören. In den anderen Fraktionen sind zwischen ein Viertel (AfD) und knapp die Hälfte der Abgeordneten (SPD) konfessionell gebunden. Bemerkenswert ist der geringe Anteil an Muslimen im Parlament. Während ihr Anteil an der Bevölkerung inzwischen bei gut sechs Prozent liegt, bekennt sich nur ein Prozent der Mitglieder des Bundestags zum Islam.

Gewerkschaftsmitglieder

Wie es aufgrund der ursprünglichen gesellschaftlichen Verankerung der Unionsparteien nicht überrascht, dass die meisten ihrer Abgeordneten der katholischen oder evangelischen Kirche angehören, entspricht auch die Verteilung der Gewerkschaftsmitglieder unter den Abgeordneten den Erwartungen. Im Bundestag insgesamt fanden sich (in der 19. Wahlperiode) 22,8 % Gewerkschafter:innen, fast alle davon in den Parteien des linken politischen Spektrums: 68 % der SPD-Abgeordneten waren Gewerkschaftsmitglieder und 62,3 % der

MdBs in der Linken-Fraktion. Dagegen gab es in der FDP- und in der AfD-Fraktion keine einzige Person mit Gewerkschaftsbindung. Auch in der Union war der Anteil der Gewerkschaftsmitglieder mit 1,6 % verschwindend gering.

Neben den Gewerkschaften gibt es natürlich noch weitere Verbände, in denen Abgeordnete Mitglieder sind. Diesbezüglich weist das Standardwerk über das politische System Deutschlands von Wolfgang Rudzio u. a. auf drei Aspekte hin: Die »Verbandsfärbung« des Bundestags sei nicht im Detail nachzuvollziehen, weil Verbandsmitgliedschaften für die Abgeordneten nicht anzeigepflichtig sind. Tendenziell aber gehe die »Verbandsfärbung« der Parlamente zurück, weil die für die Karrieren von Politiker:innen maßgeblichen Parteien weniger stark in der Gesellschaft verankert sind. Zu bedenken sei auch, dass Mitgliedschaft in einem Verband nicht unbedingt Gefolgschaft bedeute. Von der »Verbandsfärbung« einfach auf politische Positionen zu schließen, verbiete sich also.[19]

Migrationshintergrund

Offensichtlich ansteigend ist die Zahl der Abgeordneten mit Migrationshintergrund, wobei die Zahlen nicht aus dem *Datenhandbuch* des Bundestags stammen, sondern durch Auskünfte der Parteien und Fraktionen entstanden sind. Aber auch unter diesem Vorbehalt bilden sie einen Trend ab: Mit 11,3 % sind 2021 so viele Abgeordnete mit Migrationshintergrund wie niemals zuvor in den Bundestag eingezogen (2013 = 5,9 %, 2017 = 8,2 %). In der Gesamtbevölkerung haben etwa 26 % der Bürger:innen eine Einwanderungsgeschichte. Wiederum zeigen sich Unterschiede zwischen den Fraktionen: Die Linke hat mit 28,2 % den höchsten Anteil an Abgeordneten mit Migrati-

---

19 Mannewitz, Tom/Rudzio, Wolfgang (2022): Das politische System der Bundesrepublik Deutschland, 11. Auflage, Wiesbaden: Springer VS, S. 67.

onshintergrund, gefolgt von SPD (17,0 %) und Grünen (14,4 %). Die Parteien, die den geringsten Anteil von Parlamentarier:innen mit Migrationshintergrund haben, sind AfD (7,2 %), FDP (5,4 %) und CDU/CSU (2,9 %).[20]

> **»Macht, Sucht und Angst«**
> Niemand ist gezwungen, den Beruf des oder der Politiker:in für sich zu wählen. Insofern benötigen Volksvertreter:innen kein Mitleid, zumal Abgeordnete gut verdienen (▶ Infobox »Diäten«), manche Privilegien genießen und die meisten von ihnen Befriedigung aus ihren einflussreichen Positionen beziehen. In den letzten Jahren aber gehört es zum Alltag von Politiker:innen (sowohl auf der Bundesebene als auch in den Kommunen, in denen sich die Menschen vor Ort kennen und häufig direkt begegnen), dass sie nicht nur – wie im demokratischen Wettstreit üblich – für ihre Haltungen und Entscheidungen kritisiert, sondern persönlich beschimpft und bedroht werden. Inzwischen sind menschenverachtender Hass, häufig der übelsten Sorte, und sogar Morddrohungen an der Tagesordnung. Daher ist es umso wichtiger, die Abgeordneten als Menschen und nicht nur als anonyme Repräsentant:innen einer abstrakten Institution zu sehen: als Berufstätige, die viel unterwegs sind, die darum kämpfen Familien- und Berufsleben unter einen Hut zu bringen, denen Dinge mal gut und mal weniger gut gelingen, die Sorgen und Probleme haben, die sich in den Berliner Sitzungswochen manchmal auch verloren fühlen oder die sich zuweilen fragen, ob sie mit den an sie gestellten Anforderungen noch fertig werden. In einem lesenswerten Buch beleuchten zwei Journalisten der *Zeit* und des *Spiegels* diese Schattenseiten des Alltags von Abgeordneten; lesenswert, weil die Volksvertreter:innen darin zwar ungeschminkt vorgestellt werden, ihnen aber respektvoll begegnet wird – weit weg also vom

---

20 Mediendienst Integration (2021): Politische Teilhabe. Abgeordnete mit Migrationshintergrund im 20. Deutschen Bundestag, Berlin.

> populistischen Politiker:innen-Bashing, das die politische Landschaft zunehmend vergiftet.
>
> Dausend, Peter/Knaup, Horand (2021): »Alleiner kannst du gar nicht sein«. Unsere Volksvertreter zwischen Macht, Sucht und Angst, Bonn: Bundeszentrale für politische Bildung.

Politische Erfahrungen

Üblicherweise geht dem Gewinn eines Abgeordnetenmandats eine langjährige Laufbahn durch verschiedene innerparteiliche Funktionen und oft auch durch kommunale Mandate voraus. Diese politische Karriere ist so (zeit-)aufwändig, dass sie manchmal als ›Ochsentour‹ bezeichnet wird. Daher streben Abgeordnete, sind sie einmal in den Bundestag gewählt, in der Regel eine oder mehrere weitere Amtszeiten an. Für viele Abgeordnete wird die Politik dann zum Beruf. Im Deutschen Bundestag lag die Personalfluktuation normalerweise bei einem Viertel bis zu einem Drittel der Abgeordneten. Nach der Bundestagswahl 2017 zogen 262 von 709 Abgeordneten neu in den Bundestag ein, was einem Anteil von 37 % entspricht. Das war abgesehen von der 2. Wahlperiode (1953–1957) der höchste Wert in der Geschichte der Bundesrepublik. Für die große Zahl neuer Abgeordneter war der erstmalige Einzug der AfD-Fraktion in den Bundestag ein wichtiger Erklärungsfaktor. Auch 2021 war der Anteil der erstmals gewählten Abgeordneten mit 36,4 % ungewöhnlich hoch, zumal keine neuen Fraktionen ins Parlament eingezogen waren. Dafür aber gab es in der Fraktionsstärke erhebliche Verschiebungen, u. a. herbeigeführt durch das schlechteste Wahlergebnis der Union in der Geschichte der Bundesrepublik. Je größer die Zahl parlamentarischer Neulinge ist, umso schwieriger ist die Integrationsaufgabe, die ein Parlament im Ganzen und die Fraktionen für sich zu erbringen haben,

Politische Erfahrungen

weil die erstmals gewählten Abgeordneten die Tätigkeit im Parlament erst erlernen müssen.

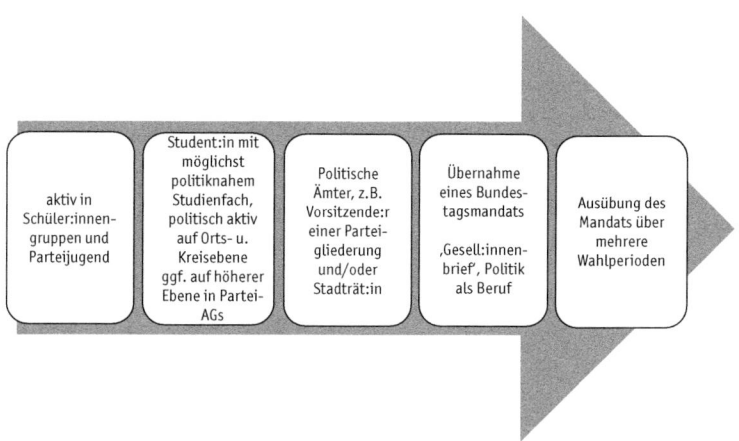

Abb. 18: Typischer Karriereverlauf von Bundestagsabgeordneten (Quelle: eigene Darstellung nach Alemann[21]).

Weil es die Parteien sind, welche die Kandidat:innen für die Parlamentswahlen aufstellen, und die Parteimitglieder wissen wollen, wen sie in öffentliche Ämter entsenden, setzt die Erringung eines Parlamentsmandats die Übernahme von Parteifunktionen, mindestens aber ein hohes Maß parteipolitischen Engagements und aktiver innerparteilicher Präsenz voraus. Bei jüngeren Parteien wie der AfD, die in relativ kurzer Zeit Wahlerfolge erringen konnten, kann das anders sein: Weil sie nur über eine dünne Personaldecke verfügen und die Zeit fehlte, um ein Netzwerk miteinander bekannter Parteimitglieder aufzubauen, ist das Erreichen eines Parlamentsmandats hier auch ohne lange innerparteiliche Karrieren möglich. Dagegen sind die Abgeordneten in den etablierten Parteien nicht nur mit ihrer

---

21 Alemann, Ulrich von (2003): Das Parteiensystem der Bundesrepublik Deutschland, Bonn: Bundeszentrale für politische Bildung, S. 147.

Partei vernetzt, sondern auch mit dem so genannten vorpolitischen Raum, also mit Vereinen und Verbänden sowie mit der kommunalen Ebene. Viele Abgeordnete waren in den Kommunen, in denen sie ihre politische Laufbahn begannen, Mitglieder eines Gemeinde- bzw. Stadtrats – und wissen daher relativ gut über die lokalen und regionalen Probleme in ihrer Region Bescheid.

> **Diäten: Was Abgeordnete verdienen**
> Immer wieder führt die Bezahlung von Abgeordneten zu erregten öffentlichen Diskussionen. Kritisiert werden u. a. die Höhe ihrer Einkünfte, die so genannten Diäten, und die Tatsache, dass die Abgeordneten als Gesetzgeber selbst über ihre Gehälter entscheiden. In der Tat liegt das monatliche Einkommen der Parlamentarier:innen weit über dem Durchschnittsverdienst. Andererseits finden sich bei dem Thema aber auch viele Vorurteile und Fehleinschätzungen, obgleich es wohl keine andere Berufsgruppe gibt, deren Einkommensverhältnisse so öffentlich sind.
>
> Für das Jahr 2023 weist der Bundeshalt für den Etat des Deutschen Bundestags Ausgaben in Höhe von 1,4 Milliarden Euro aus. Das klingt zunächst nach einer gewaltigen Summe, legt man diese aber auf die Bevölkerung Deutschlands um (84 Millionen Menschen), zahlt jede und jeder Einwohner:in im Durchschnitt etwa 14 Euro pro Jahr für das Parlament. Mit dieser Summe werden nicht nur die Abgeordneten bezahlt, sondern auch der technische Betrieb des Bundestags, seine Öffentlichkeitsarbeit und die Beschäftigten der Parlamentsverwaltung.
>
> Die Abgeordnetenentschädigung betrug – Stand Juli 2023 – monatlich 10.591,70 €. Sie ist, wie andere Einkommen auch, steuerpflichtig. Dieser Betrag wird jährlich nach einem speziellen Index an die Einkommensentwicklung der Löhne und Gehälter in Deutschland angepasst – im Jahr 2023 gab es ein Plus von 2,6 %. Das Statistische Bundesamt berichtet für das Jahr 2021 über einen durchschnittlichen Bruttomonatsverdienst von in Vollzeit beschäftigten Arbeiternehmer:innen im produzierenden Gewerbe

und im Dienstleistungsbereich von 4.100 €. Verheiratete Lehrer:innen an einem Gymnasium verdienen nach der Hälfte ihres Berufslebens etwa 5.000 € und Hochschulprofessor:innen (W2) ca. 6.500 €. Der Verdienst des Oberbürgermeisters einer Landeshauptstadt, beispielsweise Dresden, liegt bei etwa 12.000 €. Bundesminister:innen erhalten monatliche Bezüge von ca. 16.500 €. Als Bezugsgröße für die Abgeordnetendiäten werden im Abgeordnetengesetz, das die Diäten regelt, einfache Richter:innen an einem obersten Gerichtshof des Bundes genannt. Bundestagsabgeordnete ohne herausgehobene Funktionen verdienen also mehr als der Bevölkerungsdurchschnitt, aber etwa so viel wie anderes Spitzenpersonal im öffentlichen Dienst und weit weniger als Führungskräfte in der Wirtschaft, von Spitzenfußballern ganz zu schweigen.

Weil es innerhalb des arbeitsteilig organisierten Parlaments abgestufte Verantwortlichkeiten und Aufgabenbelastungen gibt, erhalten Abgeordnete in Führungsfunktionen Zulagen. Für den oder die Bundestagspräsident:in, die stellvertretenden Präsident:innen und die Ausschussvorsitzenden ist das im Abgeordnetengesetz geregelt. Präsident:innen erhalten doppelte Diäten, ihre Stellvertreter:innen das Anderthalbfache des Monatsbetrages und Ausschussvorsitzende einen Zuschlag von 15 % auf die Grundvergütung. Fraktionsvorsitzende, deren Stellvertreter:innen und die Parlamentarischen Geschäftsführer:innen erhalten ebenfalls Funktionszulagen, die aber aus den Mitteln der Fraktionen gezahlt werden. Die Höhe legt die jeweilige Fraktion fest und entsprechend variieren die Beiträge zwischen den Fraktionen und in Abhängigkeit von den Positionen. Die Zulagen liegen zwischen 100 % einer monatlichen Diät für die Spitzenpositionen und 20 % für andere Führungsaufgaben. Die Transparenz dieser Fraktionszulagen ist verbesserungsfähig und sollte gesetzlich geregelt werden. Es lässt sich natürlich auch grundsätzlich fragen, ob Zulagen in der Höhe eines gesamten Monatsverdienstes angemessen sind, weil ohnehin alle Abgeordneten weit mehr arbeiten als die durchschnittliche Wochenarbeitszeit. Funktionsträger:innen arbeiten also nicht mehr, sondern nehmen nur andere Aufgaben wahr.

Zusätzlich zu ihren Diäten erhalten Abgeordnete eine steuerfreie Aufwandsentschädigung von 4.725,48 € (Stand 2023). Diese dient der Deckung von Kosten, die mit der Abgeordnetentätigkeit im Zusammenhang stehen, ist also kein Einkommen. Die Parlamentarier:innen geben ihre monatliche Kostenpauschale typischerweise für die Miete eines Büros im Wahlkreis, für Fahrtkosten im Wahlkreis oder die Zweitwohnung am Parlamentssitz aus. Wer mehr ausgibt, muss aus eigener Tasche hinzuzahlen. Wer spart, weil er oder sie z. B. kein Wahlkreisbüro unterhält und ein Arbeitszimmer im eigenen Haus nutzt, behält das Geld dennoch. Das hat berechtigterweise zu der Diskussion geführt, ob eine Einzelabrechnung der Kosten nicht angemessener wäre. Weil Einzelnachweise den bürokratischen Aufwand für den Bundestag enorm erhöhen würden, hat sich der Gesetzgeber aber für die Pauschale entschieden.

Nicht zuletzt gehört zur Aufwandsentschädigung auch die Erstattung von Kosten zur Bezahlung von Mitarbeiter:innen, weil Abgeordnete ihre Aufgaben nicht allein bewältigen können; sie benötigen Sekretär:innen, Büroleiter:innen oder Referent:innen. Diese setzen die Abgeordneten sowohl in ihren Abgeordnetenbüros in Berlin als auch in ihren Wahlkreisen ein. Dafür stehen ihnen monatlich 23.205 € (Stand 2023) zur Verfügung. Damit lassen sich in der Regel drei bis fünf (Teilzeit-)Beschäftigte bezahlen. Die Gehälter werden über die Bundestagsverwaltung abgerechnet, die Summe erhalten also die Abgeordneten nicht selbst.

Für ihre Aufgabenerfüllung steht den Abgeordneten im Bundestag ein persönliches Büro samt technischer Ausstattung zur Verfügung. Für ihre Mobilität erhalten sie zudem eine Netzkarte der Deutschen Bahn (1. Klasse).

Laut Gesetz soll das Mandat im Mittelpunkt der Tätigkeit von Abgeordneten stehen. Einige Abgeordnete verfügen neben ihren Diäten aber noch über zusätzliche Nebeneinkünfte. Diese müssen, wenn sie monatlich mehr als 1.000 € oder im Kalenderjahr mehr als 3.000 € betragen, bei dem oder der Bundestagspräsident:in gemeldet werden. Entsprechende Regelungen wurden nach der so genannten Maskenaffäre 2021 verschärft, in der Abgeordnete der CDU/CSU-Fraktion während der Corona-Pandemie sehr hohe Provisionszahlungen für die Beschaffung von Atemschutzmasken erhalten haben. Die Nebeneinkünfte sind auf der Website des Bundestags unter den Abgeordnetenbiografien im Detail nachvollziehbar. Die Organisation ›abgeordnetenwatch.de‹, die sich für die Transparenz politischen Handelns einsetzt, sammelt diese Angaben und stellt sie zur Verfügung. Danach gaben, Stand 01.03. 2023, vier von zehn Abgeordneten (38,9 %) an, über veröffentlichungspflichtige Zusatzeinkünfte zu verfügen. Die Fraktionen mit den meisten Abgeordneten, die eine Nebentätigkeit ausüben, sind FDP und CDU/CSU: Mehr als die Hälfte ihrer Abgeordneten berichteten meldepflichtige Zahlungen, 55 % in der FDP und 51 % der CDU/CSU-MdBs. In der SPD-Fraktion verfügen 37 % der Parlamentarier:innen über Nebeneinkünfte, bei den Grünen 25 % und in der Linksfraktion 23 %. Die AfD ist die Fraktion mit den wenigsten Nebenjobber:innen (19 %).[22] Bundestagsabgeordnete sind neben ihrem Mandat z. B. tätig als Geschäftsführer:innen, Aufsichtsräte, Buchautor:innen, Vortragsreisende oder Rechtsanwält:innen. Einige wenige Parlamentarier:innen erzielen so zusätzliche Einkünfte von mehreren Hunderttausend Euro. Das kann ein Hinweis darauf sein, dass solche Abgeordneten das Geldverdienen über das Mandat stellen oder dass in einigen Branchen Vergütungen gezahlt werden, von denen durchschnittliche Arbeitnehmer:innen nur träumen können.

---

22 Reyher, Martin/Röttger, Tania (2023): Einkünfte veröffentlicht. Das verdienen die Abgeordneten des Bundestags nebenher, 05.06.2023, https://www.abgeordnetenwatch.de/recherchen/nebentaetigkeiten/das-verdienen-die-abgeordneten-des-bundestags-nebenher, Zugriff: 19.06.2023.

Grundsätzlich spricht nichts dagegen, wenn Abgeordnete eine Berufstätigkeit, etwa als Anwält:innen oder Eigentümer:innen eines kleinen Unternehmens, auch während ihrer Mandatstätigkeit im Bundestag weiter ausüben; das schafft Unabhängigkeit von der Politik. Anstößig ist es auch nicht, wenn Abgeordnete, z. B. über Aufsichtsratsposten, in Wirtschaftsunternehmen tätig sind, schließlich gehört die Vernetzung mit verschiedenen gesellschaftlichen Sektoren zur Aufgabe von Parlamentarier:innen. Problematisch werden Nebentätigkeiten aber dann, wenn Abgeordnete ihren Aufgaben als gewählte Volksvertreter:innen nicht mehr mit ganzer Kraft nachgehen oder wenn das Bundestagsmandat erst zur Übernahme von neuen Nebentätigkeiten führt, Parlamentarier:innen also quasi ihre politischen Kontakte zu Geld machen. Deshalb ist Transparenz so wichtig und die verschärften Veröffentlichungsregeln sollten die Bürger:innen dazu nutzen, nachzuschlagen, über welche Nebeneinkünfte aus welchen Quellen die gewählten Abgeordneten verfügen, und das in ihre Wahlentscheidung einbeziehen.

Altersversorgung
Scheiden Abgeordnete aus dem Bundestag aus, haben sie Anspruch auf ein Übergangsgeld, das die Wiedereingliederung in den Beruf oder in eine andere Tätigkeit erleichtern soll. Es wird in der Höhe der Abgeordnetenentschädigung für jedes Jahr der Mitgliedschaft im Bundestag einen Monat lang geleistet, höchstens aber für 18 Monate. Wer z. B. eine Wahlperiode im Bundestag war, erhält das Übergangsgeld für vier Monate. Ab dem zweiten Monat nach dem Ausscheiden werden alle sonstigen Einkünfte auf das Übergangsgeld angerechnet.

Für Abgeordnete werden für die Zeit im Bundestag keine Beiträge an die gesetzliche Rentenversicherung gezahlt und sie zählt für Beamt:innen auch nicht als Dienstzeit im Sinne des Beamtenversorgungsrechts. Daher erhalten Parlamentarier:innen eine Altersentschädigung. Sie beträgt nach dem ersten Jahr im Bundestag

2,5 % der Abgeordnetenentschädigung und steigt mit jedem weiteren Jahr der Mitgliedschaft um 2,5 % an. Für eine Legislaturperiode von vier Jahren erhalten Abgeordnete also, wenn sie das 67. Lebensjahr erreicht haben, 10 % der Abgeordnetenentschädigung; das waren 2022 1.032 € im Monat. Der Höchstbetrag liegt bei 65 % der Entschädigung und wird nach 26 Jahren im Bundestag erreicht. An der Altersentschädigungsregelung gibt es auch Kritik – sogar aus dem Parlament selbst heraus. Die Kritiker:innen fragen, warum es einer Sonderregelung für die Abgeordneten bedarf und diese nicht einfach verpflichtet werden, selbst für ihr Alter vorzusorgen.

Zusammenfassend lässt sich festhalten, dass die Bundestagsabgeordneten gemessen am Durchschnittseinkommen der deutschen Bevölkerung sehr gut verdienen und mit dem Übergangsgeld und der Altersversorgung Privilegien genießen. Andererseits verdienen sie nicht ungerechtfertigt viel, denn ihre Entlohnung entspricht der von Personen mit ähnlichen Verantwortungsbereichen, seien es Richter:innen an obersten Gerichtshöfen oder Oberbürgermeister:innen größerer Städte. Vor allem aber verdienen sie längst nicht so viel wie Spitzenpersonal aus der Wirtschaft.

Kein Abbild der Bevölkerung – ein Problem?

Ganz offensichtlich ist also der Bundestag kein genaues Abbild der deutschen Bevölkerung. Die Abgeordneten unterscheiden sich in vielerlei Hinsicht vom Durchschnitt der Bürger:innen, u. a. bezüglich ihres Alters, ihres Geschlechts, ihres Bildungsstandes und ihrer Berufe. Zu der Frage, ob das Parlament ein genaueres soziales Abbild der Bevölkerung sein sollte, gibt es unterschiedliche Auffassungen und viele Diskussionen. Die einen weisen darauf hin, dass der Bundestag kein Spiegelbild der Bürger:innen sein kann und auch keines sein muss. Viel wichtiger ist es, dass die Abgeordneten jene Erwartungen erfüllen, die von den Wähler:innen an sie gestellt werden, und den Aufgaben gerecht werden, die das politische System dem Parlament zuweist. Dazu gehören die Aufnahme gesellschaftlicher und politischer Probleme und die Erarbeitung von Lösungen für diese. Abgeordnete müssen also erstens die in der Bevölkerung vorhandenen Auffassungen, Wünsche und Interessen wahrnehmen, aufgreifen und sich mit ihnen auseinandersetzen. Dafür gibt es einen – bereits eingangs des Buches erwähnten – Fachbegriff: Abgeordnete müssen responsiv sein, was so viel heißt, wie sich auf Anregungen und Anforderungen der Bürger:innen einzulassen und bereit zu sein, auf sie zu reagieren. Die Wahltage sind eine Art Test für Responsivität: Parteien und Parlamentarier:innen, die sich zu weit von ihren Wähler:innen entfernen und nicht mehr für sie sprechen, verlieren Stimmen. Zweitens genügt es aber nicht, wenn Abgeordnete nur das Ohr bei der Bevölkerung haben, sie müssen auch politische Führung ausüben. Sie müssen Lösungen für politische Probleme ausarbeiten, vertreten und auch umsetzen – und sodann bei den Bürger:innen für solche Politik werben. Beobachter:innen zufolge gewährleistet das soziale und biografische Profil der Bundestagsabgeordneten, dass sie diese beiden Aufgaben kompetent erfüllen können: Sie sind gut ausgebildet, mit beruflichen und politischen Erfahrungen nicht selten aus Führungspositionen, und haben in ihren Wahlkreisen und darüber hinaus ein weit verzweigtes Netzwerk von Kontakten aufgebaut. Das ermöglicht, die Bedarfe unterschiedlicher Bevölkerungsgruppen wahrzunehmen. Der hohe Akademisierungsgrad bedeute nicht, dass das Parlament keine Politik für andere Berufsgruppen gestalten könne. Das zeige beispielsweise die Einführung des Mindestlohnes. Zudem erleichtern die gemeinsamen sozialen, politischen und berufsbiografischen Erfahrungen die Arbeit und Entscheidungsfindung zwischen den Abgeordneten und tragen damit zur erfolgreichen Aufgabenerfüllung des Parlaments bei.

Andere dagegen halten die fehlende Repräsentativität des Parlaments für ein großes Problem. Sie argumentieren, dass sich das

›Gelehrtenparlament‹ eben nicht nur hinsichtlich seiner sozialen Zusammensetzung von der Bevölkerung unterscheidet, sondern dass es eine Politik gestaltet, welche die Interessen benachteiligter Sozialgruppen tendenziell vernachlässigt. Außerdem wird ein Parlament, das ein soziales Spiegelbild der Bevölkerung darstellt, in den Augen der Bürger:innen mehr wertgeschätzt, woraus ein höheres Vertrauen ins politische System und die Demokratie resultiert. Schließlich entfaltet die Repräsentation breiter Bevölkerungskreise auch eine Vorbildfunktion; beispielsweise können erfolgreiche Parlamentarierinnen andere Frauen inspirieren, ebenfalls die Mühen einer politischen Karriere auf sich zu nehmen. Daher sollte Repräsentativität nicht vernachlässigt werden und die für den politischen Nachwuchs zuständigen Parteien müssten sich stärker um die Repräsentation, z. B. von Frauen, jungen Leuten oder mobilen Berufsgruppen, die keine Gelegenheit für zeitaufwändige parteipolitische Aktivitäten an einem Ort haben, kümmern.

Literatur

Deutscher Bundestag (2023): Datenhandbuch zur Geschichte des Deutschen Bundestages, https://www.bundestag.de/dokumente/parlamentsarchiv/datenhandbuch, Zugriff: 23.05.2023.

Elsässer, Lea (2018): Wessen Stimme zählt? Soziale und politische Ungleichheit in Deutschland. Frankfurt/Main: Campus Verlag.

Fortin-Rittberger, Jessica/Kröber, Corinna (2021): Der neu gewählte Deutsche Bundestag. Ein Schritt in Richtung eines »repräsentativen« Parlaments?, in: Aus Politik und Zeitgeschichte, B. 47–49, S. 34–40, https://www.bpb.de/shop/zeitschriften/apuz/343506/der-neu-gewaehlte-deutsche-bundestag, Zugriff: 23.05.2023.

Holzapfel, Klaus-J. (Hrsg.) (2023): Deutscher Bundestag. 20. Wahlperiode (Kürschners Volkshandbuch), Rheinbreitbach: Kürschners Politikkontakte, https://www.btg-bestellservice.de/pdf/10037700.pdf, Zugriff: 05.10.2023.

Menz, Margarete/Sorge, Katrin (2023): Gleichberechtigung in Deutschland, Stuttgart: Kohlhammer.

Patzelt, Werner J. (1993): Abgeordnete und Repräsentation. Amtsverständnis und Wahlkreisarbeit, Passau: Wissenschaftsverlag Rothe.

Pyschny, Anastasia/Kintz, Melanie (2022): Die Berufsstruktur des Deutschen Bundestages in der 20. Wahlperiode, in: Zeitschrift für Parlamentsfragen, H. 2, S. 328–343.

Röhling, Marc/Tack, Achim/Winterbach, Christoph (2023): Schärfere Transparenzregeln. Welche Abgeordneten die höchsten Nebeneinkünfte kassieren, in: Spiegel Online, 05.06.2023, https://www.spiegel.de/politik/deutschland/bundestag-das-sind-die-hoechsten-nebeneinkuenfte-aller-abgeordneten-a-918a4c9f-30fc-4d5c-a003-c5a59177b8ab, Zugriff: 19.06.2023.

8 Wofür Parlamente kritisiert werden

Eine kritische Öffentlichkeit ist eine zentrale Voraussetzung für das Funktionieren demokratischer Ordnungen. Ohne öffentliche Kritik gibt es keine Demokratie. Daher gehören Parlamente sozusagen systembedingt zu den am meisten kritisierten politischen Institutionen. Demoskopische Erhebungen geben uns Auskunft über das Verhältnis der Bürger:innen zu ihren Parlamenten. Wie sehen und bewerten die Bürger:innen die Abgeordneten und ihre Amtsführung? Viele Aspekte tauchen in solchen Untersuchungen über den Zeitverlauf immer wieder auf und können daher als typische Haltungen gegenüber Parlamenten verstanden werden. Einzelne dieser Kritikpunkte sind in der vorhergehenden Darstellung auch bereits angesprochen worden, etwa die Größe des Bundestags, die Klage über das leere Plenum, der Vorwurf des Fraktionszwanges oder die Nähe der Abgeordneten zu Lobbyist:innen.

Neben der Darstellung einzelner Kritikpunkte stellt sich die Frage, wie die Kritik an den Parlamenten zu bewerten ist. Welche Kritik am Parlament und am Parlamentarismus ist gerechtfertigt und sollte Anlass für Reformen sein, um die Funktions- und Arbeitsfähigkeit des Bundestags zu erhalten? Welche Kritik dagegen greift tradierte Vorurteile auf, die es schon immer gegenüber dem parlamentarischen Regierungssystem gegeben hat? Ist manche Kritik möglicherweise auch in einem mangelnden Verständnis darüber begründet, wie unser politisches System funktioniert? Und findet sich darunter auch Kritik, die am Ende nur antiparlamentarisch ist, also kein Interesse an einem funktionierenden Parlament hat, sondern letztlich auf seine Schwächung zielt?

Parteienstreit

Eine grundsätzliche Kritik bezieht sich auf den ›Parteienstreit‹. Mit diesem Stichwort lässt sich der kritische Blick auf die parteipolitische Auseinandersetzung zwischen Abgeordneten zusammenfassen, die nicht von allen Bürger:innen gemocht wird. Stattdessen ist der Wunsch verbreitet, an die Stelle des ›Parteienstreits‹ möge die gemeinsame konstruktive Arbeit an Lösungen für die politischen Probleme des Landes treten. Abgeordnete sollten nicht miteinander streiten, sondern besser konsensorientiert an einem Strang ziehen. Viele Bürger:innen teilen sogar die Auffassung, die Opposition solle besser die Regierung bei ihrer Arbeit unterstützen.

Dieses Anliegen widerspricht aber dem Modell der pluralistischen Wettbewerbsdemokratie, die das Grundgesetz begründet. Ihr Kern besteht in der öffentlich ausgetragenen Konkurrenz verschiedener politischer Ideen und im stetigen Ringen um tragfähige politische Mehrheiten. Der Parteienwettbewerb – der ›Parteienstreit‹ – ist die Grundidee des parlamentarischen Regierungssystems, die das Verhältnis zwischen Regierungsmehrheit und Opposition ordnet. Entsprechend stehen sich im Parlament konkurrierende Fraktionen gegenüber, von denen die einen die Regierung stützen und gemeinsam mit ihr Regierungspolitik gestalten und die anderen die Regierung kritisieren und sich als bessere politische Alternative anbieten. Zu diesem Zweck agieren die Fraktionen als Mannschaften, die gemeinsame politische Ziele verfolgen und entsprechend geschlossen auftreten. Sie stellen im Plenum ihre Auffassungen für die Öffentlichkeit dar und versuchen, weil es in der Regel eben keine Zusammenarbeit zwischen Koalition und Opposition gibt, dort auch keine Abgeordneten des anderen Lagers von ihren Positionen zu überzeugen. Sowohl das Mannschaftsspiel der Fraktionen – oft unzutreffend als Fraktionszwang bezeichnet – als auch die Tatsache, dass in den Plenardebatten der politische Streit gegenüber dem politischen Konsens dominiert, erklärt sich also aus der Funktionslogik des parlamentarischen Regierungssystems. Eine Veränderung dieser

Spielregeln wäre nur um den Preis grundsätzlicher Systemänderungen zu haben.

Fehlende Volksnähe

Eine andere Kritik wird immer wieder an der fehlenden Volksnähe der Parlamentarier:innen geübt. Die Abgeordneten seien abgehoben. Die ›da oben‹ werden den ›kleinen Leuten‹ und denen ›da unten‹ gegenübergestellt. Dahinter stehen zwei Aspekte: die soziale Herkunft der Abgeordneten und ihre gesellschaftliche Vernetzung.

Über die Folgen der zunehmenden Akademisierung des Parlaments und über die Tatsache, dass der Bundestag kein Spiegelbild der Bevölkerung ist, wurde bereits ausführlich nachgedacht (▶ Kap. 7). Einerseits ist die politische Entscheidungsfindung komplex und für die Gesetzgebungsarbeit im Expert:innen-Parlament braucht es gut ausgebildete und beruflich wie politisch erfahrene Politiker:innen. Andererseits stellt sich neben der Frage, wer diejenigen sind, die im Parlament Politik gestalten, die Frage, für wen sie das tun. Im Zuge der Auseinandersetzung mit den Ursachen für das Erstarken populistischer Parteien haben Forschende darauf hingewiesen, dass Parlamentsentscheidungen häufiger zugunsten bessergestellter Bevölkerungsgruppen ausfallen. Außerdem würden in den akademisch geprägten Parlamenten bestimmte politische Präferenzen bevorzugt und andere Auffassungen dahinter verloren gehen. Etwa würden im Parlament so genannte kosmopolitische Einstellungen, also liberale, proeuropäische, weltoffene Positionen dominieren. Darauf beziehen sich autoritär-populistische Parteien wie die AfD, wenn sie beklagen, dass die Abgeordneten der anderen Parteien kein Ohr für die Anliegen der ›kleinen Leute von der Straße‹ hätten. Wenn die – unbestrittene – Unwucht in der sozialen Zusammensetzung des Parlaments dauerhaft dazu führt, dass die politischen Interessen von Menschen mit niedrigen Bildungsabschlüssen und geringen Einkommen vernachlässigt werden, verstärkt das den Vertrauensverlust in die Politiker:innen und stellt ein Problem fürs Parlament dar.

Der zweite Aspekt des Vorwurfs mangelnder Volksnähe von Abgeordneten bezieht sich auf ihre gesellschaftliche Verankerung, also ihre Erreichbarkeit und Sichtbarkeit vor Ort. Vielen Bürger:innen fehlt es offenbar am Austausch oder auch nur der alltäglichen Begegnung mit ihren Abgeordneten. Andere haben auch das Gefühl, sie würden mit Abgeordneten nur noch recht wenige lebenspraktische Gemeinsamkeiten teilen. Das trägt zum Empfinden von Bürger:innen bei, ohnehin nur über wenig Einfluss auf die Politikgestaltung zu verfügen. Diesen Eindrücken ist entgegenzuhalten, dass sich die Abgeordneten insgesamt sehr um die Vernetzung in ihren Wahlkreisen bemühen. Abgeordnetenbefragungen zeigen, dass ungefähr die Hälfte der Arbeitszeit deutscher Abgeordneter auf die Arbeit am Parlamentssitz, ein Drittel auf die Wahlkreisarbeit und die restliche Zeit auf sonstige Verpflichtungen entfällt. Natürlich gibt es dabei Unterschiede zwischen Abgeordneten. Diejenigen, die als Mitglieder von Fraktionsvorständen besondere Verantwortung für die Fraktionsarbeit in Berlin tragen oder als prominente Politiker:innen bundesweit unterwegs sind, können sich nicht so intensiv um ihre Wahlkreise kümmern wie so genannte Hinterbänkler:innen. Während der Wahlkreisarbeit gibt es für Abgeordnete i. d. R. drei Tätigkeitsbereiche: Sie versuchen mit ihren Wähler:innen und den Bürger:innen in Kontakt zu treten, sie stehen in Verbindung mit Organisationen und Institutionen, d. h. Vereinen, Verbänden, Unternehmen und Behörden, und sie bemühen sich, mit den Kommunen und Ämtern im Wahlkreis gute Arbeitsbeziehungen zu unterhalten. Vor allem aber stehen sie mit Lokal- und Regionaljournalist:innen in Kontakt, denn trotz der sozialen Medien wie X (das ehemalige Twitter), Instagram oder Facebook ist die Berichterstattung in der Presse nach wie vor sehr wichtig, um in der Öffentlichkeit wahrgenommen zu werden. Das gelingt vielen Bundestagsabgeordneten oftmals auch deshalb gut, weil sie vor Ort einen gewissen ›Promifaktor‹ mitbringen, während sie in Berlin nur eine oder einer unter vielen Abgeordneten sind.

Fehlende Volksnähe

Warum ist trotzdem das Bild mangelnder Volksnähe der Abgeordneten verbreitet? Dafür gibt es verschiedene Erklärungen. Eine ist, dass es auch an entsprechender Nachfrage seitens der Bürger:innen fehlt. Viele Bürger:innen kennen die Abgeordneten aus ihrer Gegend überhaupt nicht – weder die aus der Landes- noch die aus der Bundespolitik. Wenn Bürger:innen aber den Kontakt zu ihren Abgeordneten suchen, ist die Gefahr von Enttäuschung und Frustration groß. Häufig nämlich haben Bürger:innen persönliche Anliegen. Sie beziehen sich beispielsweise auf die Rente, auf Arbeitslosigkeit, auf Ausbildung oder auf Auseinandersetzungen der Ratsuchenden mit Behörden. Solcher Bürger:innen-Service nimmt in den Wahlkreisbüros vor Ort viel Zeit in Anspruch. Vielen Anfragen aber können die Abgeordneten gar nicht gerecht werden, weil eigentlich Rechtsanwält:innen, Sozialarbeiter:innen oder Beratungsstellen die richtigen Ansprechpartner:innen wären.

Eine dritte Erklärung für die fehlende Volksnähe liegt in den Mitgliederverlusten der Parteien. Je geringer die Mitgliederzahlen, umso schlechter die Verwurzelung der Parteien in der Gesellschaft. Über die Mitgliederstärke bzw. -schwäche der Parteien gibt die so genannte Rekrutierungsfähigkeit Auskunft. Das ist die Zahl der Parteimitglieder in Beziehung zur Bevölkerungszahl, die parteibeitrittsberechtigt ist (in der CDU die über 16-Jährigen, in der SPD die über 14-Jährigen). Die Rekrutierungsfähigkeit der CDU lag 2021 bei 0,64 % und die der SPD bei 0,54 %. Insgesamt waren 2021 nur noch knapp 1,7 % der beitrittsberechtigten Bevölkerung Mitglied in einer der im Bundestag vertretenen Parteien. Wenn über die Parteien nur ein geringer Anteil der Bürger:innen erreicht werden kann, weil ihnen die Mitglieder fehlen, um z. B. Straßenfeste auszurichten, Informationsveranstaltungen zu organisieren, Broschüren in den Hausbriefkästen zu verteilen oder mit Infoständen in Einkaufsstraßen präsent zu sein, wirkt sich das auch auf die Sichtbarkeit der Abgeordneten aus.

Lobbyismus

Während also die mangelnde Volksverbundenheit von Parlamentarier:innen beklagt wird, findet sich umgekehrt der Vorwurf zu großer Nähe der Abgeordneten zu Interessengruppen. Abgeordnete würden sich in ihren Entscheidungen zu sehr von Lobbyist:innen beeinflussen lassen. Diese Wahrnehmung hat insofern einen wahren Kern, als Verbandsvertreter:innen in nahezu allen Phasen des politischen Entscheidungsprozesses präsent sind: Sie werden als Gäste in die fachpolitischen Arbeitskreise der Fraktionen eingeladen, sind als Sachverständige die zentralen Akteur:innen in Ausschussanhörungen und während der Sitzungswochen suchen sie Kontakte und Gespräche mit einzelnen Abgeordneten. Auch treten sie selbst als Gastgeber:innen so genannter Parlamentarischer Abende auf. Das sind von Lobbygruppen organisierte Themen- und Informationsabende für Abgeordnete. Dabei sortieren sich die Lobby-Kontakte entsprechend der fachpolitischen Arbeitsteilung im Parlament. Innenpolitiker:innen etwa haben Kontakte zur Gewerkschaft Verdi, zum Beamtenbund, zum Bundesgrenzschutzverband, zum Bund der Kriminalbeamten, zum Technischen Hilfswerk, zu Pro Asyl oder zum Städte- und Gemeindetag. Agrarpolitiker:innen dagegen stehen mit der Gewerkschaft Nahrung Genussmittel und Gaststätten, den Landfrauen, dem Deutschen Bauerntag, dem Naturschutzbund Deutschlands oder Fischereiverbänden im Austausch. Abgeordnete kommen also während ihrer Parlamentsarbeit mit zahlreichen – privaten wie gemeinnützigen – Spezialinteressen in Kontakt. Diese Kontakte während der Sitzungswochen unterscheiden sich vom Kontaktnetzwerk in den Wahlkreisen. Das ist nicht an den fachpolitischen Aufgaben der Abgeordneten orientiert, sondern an den Bedarfen der einzelnen Regionen. »Im Parlament Innenpolitiker, im Wahlkreis Wirtschaftspolitiker«, hat das ein Abgeordneter formuliert.

Während Lobbyismus in der Öffentlichkeit häufig ein anrüchiges Image hat, pflegen Abgeordnete zu den Interessengruppen ein pragmatisches Verhältnis. Sie nutzen den Sachverstand der Interessenvertreter:innen, um sich über Probleme und Lösungsvorschläge in den Bereichen zu informieren, welche die Lobbygruppen vertreten. Durch Kontakte zu diversen Interessengruppen erhalten Abgeordnete einen Überblick über die Vielfalt gesellschaftlicher Interessen. Rege Verbandskontakte können daher helfen, der Gefahr einseitiger Interessenvertretung zu entgehen. Auch versuchen Parlamentarier:innen, die Interessengruppen nicht nur als Informant:innen zu nutzen, sondern werben umgekehrt bei ihnen für ihre Politik, denn die Fraktionen stehen auch im Wettbewerb um die Zuneigung der von den Interessengruppen vertretenden Wähler:innen.

Abgeordnete sehen sehr wohl die Parteilichkeit der Verbandsvertreter:innen, betrachten es aber als ihre ureigenste Aufgabe, die verschiedenen Einzelinteressen abzuwägen und zu ihrem Ausgleich beizutragen. Denn bei aller fachlicher Kompetenz seien die Verbände zum politischen Interessenausgleich eben nicht in der Lage. Dafür brauche es das Parlament. In der Tat sind die Vertretung verschiedener Interessen und daraus entstehende Konflikte, die durch Kompromisse ausgeglichen werden müssen, der Normalfall von Politik in pluralistischen Gesellschaften – und es ist zu begrüßen, dass Abgeordnete diese Aufgabe selbstbewusst annehmen.

Es bleiben aber Probleme: Parlamentarier:innen thematisieren im Gespräch nur selten die unterschiedlichen Einflusschancen verschiedener Lobbygruppen; im politischen Tagesgeschäft sind aber nun einmal nicht alle Interessen gleich. Das belegt auch das so genannte Lobbyregister:

 Lobbyregister des Deutschen Bundestag

Es sind vor allem Unternehmen und ihre Verbände, die besonders viel Geld für die Vertretung ihrer Interessen ausgeben.[23] Im Lobby-

---

23 Böckling, David/Pauly, Marcel (2022): Neues Register zu Interessensvertretern. Elf Lobbyisten für jeden Abgeordneten, in: Spiegel Online, 01.03.2022,

register müssen sich seit 2022 alle Interessenvertreter:innen registrieren, die Kontakt zu Mitgliedern des Bundestags oder der Bundesregierung aufnehmen, um politische Entscheidungsprozesse zu beeinflussen. Nach einer Reihe von Skandalen, etwa um Abgeordnete, die während der Corona-Pandemie Provisionszahlungen für die Vermittlung von Maskenlieferungen erhielten, verabschiedete der Bundestag ein Gesetz zur Einführung des Lobbyregisters. Es zielt darauf ab, mehr Transparenz bezüglich des Einflusses von Interessenvertreter:innen auf die Politik zu schaffen, und soll dazu beitragen, das Vertrauen der Bürger:innen in die Arbeit des Parlaments und der Regierung zu verbessern. Das ist einerseits eine positive Entwicklung, die zu mehr Nachvollziehbarkeit von Lobbykontakten beiträgt. Andererseits ist es für den Bundestag kein Ruhmesblatt, dass es bis ins Jahr 2022 gedauert hat, das Register einzuführen, und das Vorhaben der Ampelkoalition, die Regeln schon wieder zu verschärfen,[24] zeigt, dass es noch Verbesserungsbedarf gibt.

Auf Kritik in der Öffentlichkeit stößt immer wieder auch, wenn Abgeordnete nach ihrer Zeit im Bundestag auf gut bezahlte Positionen in der Wirtschaft wechseln. Natürlich ist überhaupt nichts daran auszusetzen, wenn ehemalige Parlamentarier:innen lukrativen Anstellungen nachgehen, sie müssen ja weiter ihren Lebensunterhalt verdienen. Für Misstrauen sorgt aber, wenn der Eindruck entsteht, Politiker:innen würden ihre während der Mandatstätigkeit entstandenen Kontakte und Verbindungen nutzen, um einseitig die Interessen bestimmter Wirtschaftsunternehmen oder Verbände zu vertreten. Weil es vor allem finanzstarke Unternehmen sind, die Politiker:innen attraktive Jobangebote unterbreiten können, besteht

---

https://www.spiegel.de/wirtschaft/unternehmen/lobbyregister-elf-lobbyisten-fuer-jeden-abgeordneten-a-cb04f9cb-0af9-479b-a7fa-329da8c3c747, Zugriff: 19.06.2023.

24 fek/AFP/Reuters (2023): Einflussnahme auf Abgeordnete. Ampel will Lobbyregister-Regeln verschärfen, in: Spiegel Online, 07.06.2023, https://www.spiegel.de/politik/deutschland/ampelkoalition-will-lobbyregister-regeln-verschaerfen-a-e8e5f0db-1281-43a1-98b9-4b4ab56b2c65, Zugriff: 19.06.2023

die Gefahr, dass der Wechsel von der Politik in die Wirtschaft die ungleichen Einflusschancen verschiedener gesellschaftlicher Interessengruppen verstärkt.

Berufspolitiker:innen und Diäten

Kritisch betrachtet wird häufig auch die Tatsache, dass Parlamentarier:innen Berufspolitiker:innen sind, also ihren Lebensunterhalt mit ihrer politischen Tätigkeit verdienen. Sie sind Politik-Profis. Moderne Gesellschaften sind durch gesellschaftliche Arbeitsteilung und damit die Herausbildung verschiedenster Berufe geprägt. So hat auch der Politikbetrieb eine zunehmende Professionalisierung erfahren. Das trifft jedoch immer wieder auf Ablehnung, weil angenommen wird, dass von der Politik lebende Parlamentarier:innen an ihren Ämtern kleben und schnell eigene Interessen in den Vordergrund stellen. Wer von seinem Verdienst als Politiker:in abhängig sei, könne nicht unabhängig Politik gestalten. Außerdem bestehe die Gefahr, die Verdienstmöglichkeiten in der Politik würden Vetternwirtschaft begünstigen. Kritisiert wird immer wieder auch der frühe Start in politische Karrieren. Es wird unterstellt, dass es denjenigen, die sich früh für die Politik als Beruf interessieren, an beruflichen Erfahrungen, an Sachkompetenz und ganz allgemein an ›echter‹ Lebenserfahrung fehle. Alles in allem werden also die Vollzeitabgeordneten, die ihre politische Erfahrung und ihre Arbeitskraft ganz der Ausübung des Parlamentsmandats widmen und damit die Effizienz der Entscheidungsfindung des Bundestags und seine Arbeitsqualität positiv beeinflussen, wenig geschätzt. Den Berufspolitiker:innen wird das Idealbild von Teilzeitabgeordneten entgegengesetzt. Der Vorteil von Teilzeitparlamentarier:innen sei, dass sie beruflich über ein eigenes Standbein verfügen würden, unabhängig seien und durch ihre Berufstätigkeit ganz anders im Leben stünden. Aber schon aus Zeitnot wären solche Abgeordneten in ihrer politischen Arbeit beschränkt und viel weniger leistungsfähig als Berufspolitiker:innen. Der oben geschilderte Arbeitsalltag von Abgeordneten wäre – nicht nur in den Sitzungswochen – in Teilzeit nicht zu bewältigen.

Mit dem Bild der Berufspolitiker:innen hängt der Verdienst der Abgeordneten zusammen. Weit verbreitet ist die Ansicht, Abgeordnete würden – gemessen an dem, was sie leisten, und im Vergleich zum Durchschnittseinkommen der Bürger:innen – zu viel verdienen. Während der Verdienst von Profifußballern kaum einmal oder der von Manager:innen in der Wirtschaft seltener kritisch hinterfragt wird, obgleich ihre Einkommen ungleich höher sind, müssen sich Parlamentarier:innen immer wieder für ihre Diäten rechtfertigen. Die Übersicht über die Einkünfte von Abgeordneten (▶ Kap. 7) hat gezeigt, dass ihr Verdienst in etwa dem von Personen entspricht, die in ähnlichen Verantwortungsbereichen tätig sind, z. B. als Richter:innen oder Oberbürgermeister:innen.

Während die Diäten der Abgeordneten für Interessierte schon immer leicht nachvollziehbar waren, blieben die Nebentätigkeiten der Parlamentarier:innen für lange Zeit weitgehend im Dunkeln. Diesbezüglich wurde die Transparenz durch eine Reform entsprechender Verhaltensregeln des Bundestags deutlich verbessert. Seit 2021 müssen die Abgeordneten ihre Einkünfte neben dem Mandat auf den Cent genau angeben, was dann auf der Website des Bundestags veröffentlicht wird. Damit haben die Bürger:innen die Möglichkeit, die Nebentätigkeiten von Abgeordneten in ihre Wahlentscheidung einfließen zu lassen.

Zahl der Abgeordneten

In den letzten Legislaturperioden ist zunehmend Kritik an der Zahl der Abgeordneten im Deutschen Bundestag laut geworden. Das liegt an der ›Aufblähung‹ des – eigentlich 598 Sitze umfassenden – Bundestags durch die so genannten Ausgleichs- und Überhangmandate

(▶ Kap. 4). Im Jahr 2013 zogen 631 Abgeordnete, 2017 709 und 2021 736 Abgeordnete in den Bundestag ein. Über die Notwendigkeit einer Verkleinerung des Bundestags herrschte in den letzten Jahren ein sehr breiter Konsens. Es fanden sich keine Stimmen, welche die angewachsene Sitzzahl verteidigt hätten. Allein, es gelang den Fraktionen in mehreren Anläufen nicht, eine Reform des Wahlrechts zu verabschieden und eine Verkleinerung bzw. Begrenzung der Anzahl der Parlamentssitze zu erreichen. Zu groß waren die jeweiligen Eigeninteressen, weil Wahlreformen Parteien – gemessen am Ist-Zustand – immer auch benachteiligen. Dafür sind die Parteien zu Recht kritisiert worden. In der 20. Wahlperiode hat die Ampelkoalition aus SPD, Grünen und FDP ein neues Wahlrecht verabschiedet. Die bayerische CSU und die Partei Die Linke haben dagegen Klage vor dem Bundesverfassungsgericht angekündigt, weil sie der Auffassung sind, dass das neue Wahlrecht wichtige Wahlgrundsätze verletze.

Populistische Parlamentskritik

In den letzten Jahren haben sich diese Kritikpunkte – unabhängig davon, ob sie sachlich begründet sind oder auf Fehldeutungen und Missverständnissen beruhen – zu einer grundsätzlichen Kritik an der repräsentativen Demokratie verdichtet, die vor allem von autoritärpopulistischen Bewegungen und Parteien geäußert wird. Solche populistische Parlamentskritik behauptet einen Gegensatz zwischen dem ›Volkswillen‹ (ohne das klar wird, was denn *der* Volkswille ist) und ›den Politiker:innen‹ in den Parlamenten. Demagogisch aufgeladen wird von einem Gegeneinander zwischen ›denen da oben‹, den Politiker:innen, und ›denen da unten‹, den so genannten einfachen Bürger:innen, gesprochen. Dabei werden immer wieder Zuschreibungen wie ›abgehoben‹, ›machtbesessen‹ oder ›selbstgefällig‹ in Richtung Abgeordnete geäußert. Denen wird so die Eignung als Volksvertreter:innen abgesprochen und die Rechtmäßigkeit ihres

Handelns als gewählte Parlamentarier:innen bezweifelt. Im Ergebnis werden der Stand der Berufspolitiker:innen und das Parlament als zentrale Institution unseres politischen Systems abgewertet.

Hinter dieser populistischen Parlamentskritik werden verschwommene Vorstellungen eines imperativen Mandats erkennbar. Politiker:innen sind danach an den Willen der Wähler:innen oder an die Weisungen ihrer Parteimitglieder gebunden. Ihre Aufgabe sei es zuvorderst, den gemeinsamen ›Willen des Volkes‹ zu verwirklichen. Dahinter steht die Annahme, dass es so etwas wie einen feststehenden Volkswillen gibt, den die Abgeordneten nur umsetzen müssen. Entsprechend brauche es keine politischen Kompromisse, die den Volkswillen ja nur verwässern würden. In dieser Lesart sind Kompromisse kein sinnvoller Ausgleich unterschiedlicher Interessen, sondern Verabredungen von Klientelpolitiker:innen, die bestimmte Gruppierungen, aber nicht das Volk, vertreten. Daher ist eine Grundannahme populistischer Parlamentskritik, das demokratische Legitimation zu politischem Handeln nur auf der Straße zu finden ist und nicht in den Plenarsälen. Den gewählten Politiker:innen müssten ihre Entscheidungsbefugnisse entzogen und an die Bürger:innen übergeben werden, die mehr direkte Mitwirkungsmöglichkeiten erhalten sollten. Solche Sichtweisen haben mit Meinungspluralismus und demokratischer Repräsentation im Sinne eines freien Mandats nichts mehr zu tun.

Trotzdem sollte die populistische Parlamentskritik nicht einfach weggewischt werden, denn gäbe es keine Probleme im Verhältnis zwischen Abgeordneten und ihren Parteien auf der einen und den Bürger:innen auf der anderen Seite, wäre sie gar nicht erst aufgekommen. Offensichtlich gibt es Störungen im Repräsentationsverhältnis. Sie lassen sich mit der Bezeichnung ›Repräsentationslücke‹ beschreiben. Dahinter verbirgt sich die Beobachtung, dass politische Ansichten eines nicht unerheblichen Teils der Bevölkerung bzw. bestimmte Bevölkerungsteile (▶ Kap. 7 zur sozialen Zusammensetzung des Bundestags) keine Vertretung im Parteienspektrum und damit im Parlament mehr finden. In einer funktionierenden Parteiendemokratie ist es die Aufgabe der Parteien, Ansichten und Interessen der Bevölkerung zu bündeln und in den politischen Prozess einzuspeisen. Besteht eine Repräsentationslücke, gelingt dies nicht und es existieren zunehmend politische Ansichten und Standpunkte, die von keiner der im Parlament vertretenen Parteien repräsentiert werden. Es gibt zwei Wege, um die entstandene Lücke zu schließen:

1. Etablierte Parteien nehmen sich der vernachlässigten Interessen an und gewinnen die Wähler:innen, die sich abgewendet haben, zurück.
2. Es formieren sich außerparlamentarische Protestbewegungen und es kommt zu Parteineugründungen oder Parteispaltungen, die dann möglicherweise in Parlamente einziehen und zur parlamentarischen Opposition werden.

Der Einzug der AfD in die deutschen Landesparlamente und erstmalig 2017 in den Deutschen Bundestag spiegelt eine solche Entwicklung wider. Damit sind populistische Akteure in eben jene Institutionen eingezogen, von denen sie behaupten, dass sie ungeeignet seien, die Interessen der Bevölkerung zu repräsentieren.

Literatur

Lewandowsky, Marcel (2022): Populismus. Eine Einführung, Wiesbaden: Springer VS.

Loewenberg, Gerhard (2007): Paradoxien des Parlamentarismus. Historische und aktuelle Gründe für Fehlverständnisse in Wissenschaft und Öffentlichkeit, in: Zeitschrift für Parlamentsfragen, H. 4, S. 816–827.

Patzelt, Werner J. (2014): Abgeordnete und ihr Beruf. Von wahren Vorurteilen und falschen Vorverurteilungen, Wiesbaden: Springer VS.

Patzelt, Werner J. (1998): Ein latenter Verfassungskonflikt? Die Deutschen und ihr parlamentarisches Regierungssystem, in: Politische Vierteljahresschrift, H. 4, S. 725–757.

Spohr, Florian (2023): Lobbyismus? Frag doch einfach! Klare Antworten aus erster Hand, München: UVK Verlag.

9 Wie die Zukunft der Parlamente aussieht

Der Historiker Edgar Wolfrum hat die Bundesrepublik Deutschland in einem Buchtitel als »geglückte Demokratie« bezeichnet. Die Analysen von Historiker:innen lenken den Blick auf langfristige Entwicklungen und weisen über die Auseinandersetzung mit aktuellen Herausforderungen hinaus. Geglückt ist die deutsche Demokratie aus einer solchen Perspektive in vielerlei Hinsicht: Mit dem 1949 verabschiedeten Grundgesetz wurde ein Rahmen für die stabile Entwicklung einer parlamentarischen Demokratie geschaffen. Das so genannte Wirtschaftswunder bildete den Ausgangspunkt für eine beispiellose Wohlstandsentwicklung, von der breite Bevölkerungsschichten profitierten. Statt Krieg zwischen den europäischen Großmächten bestimmen seit der Gründung der EU bzw. ihrer Vorläuferorganisationen in den 1950er und 1960er Jahren Zusammenarbeit und Kooperation den europäischen Kontinent. Im Zuge des Wertewandels wurde aus einer autoritären und patriarchalischen eine offene und liberale Gesellschaft mit einem Zugewinn an demokratischen Beteiligungsmöglichkeiten und Freiheitsrechten. Darauf hat zuletzt auch der Demokratieforscher Wolfgang Merkel aufmerksam gemacht. Er zeigt, dass die Demokratie der Gegenwart keineswegs insgesamt in der Krise steckt, sondern es verschiedene Teilbereiche zu unterscheiden gilt: Demokratiegewinnen bei der Transparenz politischer Entscheidungen und bei Minderheits- und Individualrechten stehen Demokratieverluste bezüglich der politischen Gleichheit (s. u.) gegenüber. Nicht zu vergessen ist in der Erfolgsgeschichte der Nachkriegsdemokratie auch die friedliche Revolution in der DDR von 1989, während der es, ohne dass ein einziger Schuss fiel, gelang, ein autoritäres Regime abzulösen, freie Wahlen zu erkämpfen und dann den Weg zur deutschen Wiedervereinigung zu gestalten.

Einen wesentlichen Anteil an der »geglückten Demokratie« hat die politische Institution, die im Zentrum unseres politischen Systems steht: das Parlament. Auch hier lässt sich – mit Blick auf die am Beginn des Buches erwähnten Parlamentsfunktionen – eine positive Gesamtbilanz ziehen: Der Deutsche Bundestag hat stabile Regierungen hervorgebracht, die ihrer Arbeit in der Regel über mehrere Wahlperioden nachgegangen sind. Die oben skizzierte Entwicklung zu einer wohlfahrtsstaatlichen und demokratischen Gesellschaft hat der Bundestag durch seine Gesetzgebungsarbeit ermöglicht und begleitet, dabei hat er sich auch in Krisenzeiten immer wieder als handlungsfähig erwiesen, häufig sogar – etwa in der Corona-Pandemie oder bei der Reaktion auf den Angriffskrieg in der Ukraine – ein ungeahntes Tempo an den Tag gelegt, obgleich demokratische Entscheidungsprozesse tendenziell zeitintensiv sind, weil sie den Ausgleich unterschiedlicher Interessen leisten müssen. Die öffentliche Sichtbarkeit der parlamentarischen Opposition und ihrer Alternativvorschläge zur Regierungspolitik zeigen, dass der Bundesstag auch seine Kontrollaufgabe im Großen und Ganzen erfolgreich wahrgenommen hat, die Minderheitsrechte dafür wurden im Laufe der Legislaturperioden gestärkt. Schließlich weist die Veränderung der Fraktionszusammensetzung sowie die Vertretung und Artikulation neu aufgekommener politischer Interessen auf die Fähigkeit des Parlaments hin, ein Seismograph des gesellschaftlichen Wandels zu sein – mithin auf die Erfüllung seiner Kommunikationsfunktion.

Kein Parlament aber kann sich auf den Erfolgen der Vergangenheit ausruhen, sondern es muss die politischen Probleme der Gegenwart bearbeiten und lösen. Daran messen die Wähler:innen die Arbeit ihrer Repräsentant:innen. Bei der Bearbeitung der gegenwärtigen politischen Herausforderungen agiert der Bundestag unter veränderten gesellschaftlichen Bedingungen, welche die Arbeit des Parlaments erschweren. Dazu zählen u. a. die zunehmende Polarisierung der Gesellschaft, die wachsende politische Ungleichheit und die gestiegene Komplexität vieler politischer Probleme.

Dass die Pluralisierung unserer Gesellschaft, also die Zunahme der Vielfalt von gesellschaftlichen Milieus und Interessen, die Aufgaben

Abb. 19: Durch die zunehmende Pluralisierung der Gesellschaft steht der Deutsche Bundestag vor vielfältigen Herausforderungen (Quelle: Deutscher Bundestag, Lichtblick/Achim Melde).

des Parlaments in unserer modernen Demokratie verändert, hat der Elitenforscher Dietrich Herzog bereits in den 1990er Jahren hervorgehoben. In den letzten Jahren ist die Ausdifferenzierung sozioökonomischer und soziokultureller Milieus weiter vorangeschritten. Wir leben, so der Soziologe Andreas Reckwitz, in einer Gesellschaft, in der das Singuläre und Besondere betont wird. Das erschwert die Aushandlung verschiedener Interessen und die Angleichung unterschiedlicher Perspektiven. Mit der Betonung des Besonderen geht das Allgemeine verloren und das Verbindende schwindet. Es entsteht eine Polarisierung zwischen verschiedenen Gruppen. Außerdem führt die Vielfalt von Lebensentwürfen und Daseinsformen zu einer neuen Unübersichtlichkeit. Diese gesellschaftlichen Entwicklungen spiegeln sich auch in einer veränderten politischen Landschaft wider, neue politische Organisationen und Parteien entstehen, die alle auf

Mitwirkung drängen. Es entstehen neue Konfliktlinien. Insbesondere ist auch das Parlament, wie die letzten Wahlperioden gezeigt haben, durch die Polarisierung stark herausgefordert. Das beginnt bei der Aufstellung der Kandidat:innen für Parlamentssitze in den Parteien, die über immer weniger Mitglieder verfügen. Mehr und vielfältige politische Interessen bedeuten im parlamentarischen Alltag größere Mühe und Aufwand bei der Kompromissbildung und beim Interessenausgleich. Die Anzahl der im Parlament vertretenen Parteien erschwert die Koalitionsbildung, weil es immer seltener gelingt, dass zwei Parteien die notwendige Mehrheit zusammenbekommen. Ist eine Dreierkoalition gebildet, sind die Konflikte und Fliehkräfte größer als in Zweierbündnissen: Es ist schwieriger, wenn sich zwei statt drei Partner einigen müssen. Und es ist komplizierter als in früheren Koalitionen zwischen einer großen und einer kleinen Partei, wenn etwa gleich große Parteien Kompromisse suchen müssen. Die Zunahme an politischem Streit kann wiederum Auswirkungen auf die Zufriedenheit der Bürger:innen mit ihrer Regierung und dem politischen System insgesamt haben. Hinzu kommt, dass sich mit dem Einzug populistischer Parteien ins Parlament das politische Klima und die demokratische Streitkultur verändert haben. Es wird nicht mehr innerhalb der Demokratie über Sachfragen gestritten, sondern über die Demokratie – so hat es der Politikwissenschaftler Philip Manow formuliert. Das Parlament wird so als Bühne zur Diskreditierung gewählter Politiker:innen genutzt.

Eine andere Herausforderung fürs Parlament stellt die zunehmende politische Ungleichheit dar. Viele Beobachter:innen aus der Politikwissenschaft halten sie inzwischen für so ausgeprägt, dass daraus eine ernsthafte Gefährdung unserer Demokratie entstehen könnte. Die politische Ungleichheit umfasst zwei Aspekte. Es ist eine Zunahme der sozialen Selektivität der politischen Partizipation zu beobachten. Das bedeutet, dass sich bestimmte Bevölkerungskreise, nämlich vor allem das untere soziale Drittel, nicht mehr politisch beteiligt. Große Teile der Bürger:innen aus sozial benachteiligten Schichten gehen nicht mehr zu Wahl, sie werden von der Ansprache durch Parteien und Politiker:innen überhaupt nicht mehr erreicht.

Das ist deshalb ein Problem, weil damit faktisch der Gleichheitsgrundsatz der Demokratie verletzt wird. Die Interessen der unteren Einkommens- und Bildungsschichten drohen im politischen Prozess verloren zu gehen. Diese soziale Selektivität wird nicht nur im Wahlverhalten, sondern auch in der Zusammensetzung der Parlamente sichtbar (▶ Kap. 7). Das wäre kein Problem, wenn die Abgeordneten unabhängig von ihrer Herkunft auch die Interessen benachteiligter Bevölkerungsgruppen vertreten würden. Der bereits erwähnte Dietrich Herzog hat darauf hingewiesen, dass angesichts der gesellschaftlichen Vielfalt Repräsentation heute ohnehin nicht mehr Vertretung einzelner Interessen sein kann, sondern politische Gestaltung und Problemlösung zu sein hat, die allerdings die Erwartungen der Wählerschaft erfüllen und auf Zustimmung treffen müssen. An letzterem sind Zweifel angebracht, wenn immer mehr Menschen nicht wählen gehen oder sich für autoritäre Protestparteien entscheiden. Zudem zeigen Studien, worauf Armin Schäfer und Michael Zürn hingewiesen haben, dass im Bundestag Politikänderungen eher umgesetzt werden, wenn sie den Interessen höherer Einkommensgruppen entsprechen.

Jüngst hat der Deutsche Bundestag einen Versuch unternommen, auch Menschen in die politische Diskussion einzubinden, die sich sonst nicht lautstark einbringen. Erstmalig wurde beim Bundestag im Frühjahr 2023 ein so genannter Bürgerrat eingerichtet, um eine direkte Rückmeldung aus der Mitte der Gesellschaft zu erhalten. Er hat den Auftrag, zum Thema »Ernährung im Wandel: Zwischen Privatangelegenheit und staatlichen Aufgaben« zu arbeiten. Die 160 Teilnehmenden wurden zufällig aus allen Einwohner:innen ab 16 Jahren ausgelost. So kann die Vielfalt der Gesellschaft im Bürgerrat abgebildet werden und es diskutieren Menschen aus unterschiedlichen Sozialgruppen und Berufen miteinander, die sich sonst kaum begegnen würden. Ziel des Bürgerrats ist es, ein Bürgergutachten mit konkreten Handlungsempfehlungen zu erarbeiten, die dann in die Beratungen des Bundestags einfließen. Die letzte Entscheidung über die Empfehlungen liegt aber beim Parlament (vgl. www.bundestag.de/buergerraete).

Schließlich ist das Parlament durch die zunehmende Komplexität politischer Probleme einerseits und das Zusammentreffen verschiedener Problemlagen andererseits herausgefordert. Gesellschaft und Parlament sehen sich in der Gegenwart multiplen Krisen – Vielfachkrisen – gegenüber. Beispielsweise waren die letzten Jahre geprägt durch die Gleichzeitigkeit verschiedener globaler Krisen: die Corona-Pandemie, der Angriffskrieg Russlands gegen die Ukraine, die Inflation mit steigenden Preisen, Ernährungs- und Energiekrisen sowie der Klimawandel. Die Erfahrung von Krisenvielfalt führt zur Verunsicherung in der Bevölkerung, zu Unübersichtlichkeit und in der Folge auch zu Vertrauensverlusten in die Problemlösungsfähigkeit der Politik. Die Herausforderungen für das Parlament lassen sich beispielhaft am politischen Umgang mit dem Klimawandel zeigen. Manche Autoren gehen sogar so weit, wie der Soziologe Stephan Lessenich in einem Essay über die *Grenzen der Demokratie*, in der liberalen Demokratie den eigentlichen Verursacher der Umweltzerstörung zu sehen. Die liberale Demokratie gründe auf der Freiheit der Naturaneignung und -entrechtung und der Wohlstand der modernen wohlfahrtsstaatlichen Demokratien würde auf den kohlenstoffbasierten Industrien basieren. Der Gedanke übersieht zwar den Ausgangspunkt der Industrialisierung in autoritären Monarchien und den Anteil der durch autokratische Regime verursachten Umweltverschmutzung, ist aber zutreffend in Hinblick auf das Erfordernis einer radikalen Beschleunigung des Kampfes gegen den Klimawandel. Die Notwendigkeit schneller und tiefgreifender Schritte beim klimaneutralen Umbau unserer Industriegesellschaft widerspricht aber den Handlungslogiken nationalstaatlicher parlamentarischer Systeme: Ihre Politiken sind auf die Zustimmung der Bevölkerung angewiesen, die nur schwer zu gewinnen ist, wenn den materiellen Interessen der Bürger:innen Einschränkung droht. Das ist aber angesichts irreversibler ökologischer Schäden unvermeidbar. Hinzu kommt die kommunikative Herausforderung, die Wähler:innen heute für politische Maßnahmen zu gewinnen, die allenfalls in Zukunft ihre Wirkung entfalten. Obendrein zeigen sich in der Klimapolitik die Grenzen nationalstaatlichen Handelns in der globalisierten Welt ganz besonders; der Kampf gegen den Klimawandel ist nur durch funktionierende internationale Vereinbarungen zu gestalten.

Was folgt aus diesen Herausforderungen des Parlaments? Liegt eine mögliche Lösung in anderen Demokratieformen? Neben der repräsentativen Demokratie gibt es noch die direkte Demokratie, in der nicht die gewählten Abgeordneten, sondern alle Bürger:innen die politischen Entscheidungen treffen. Sollten letztere übernehmen, wenn die gewählten Repräsentant:innen in einer Vertrauenskrise stecken? Diesbezüglich ist zumindest Vorsicht geboten, denn die Gegenargumente sind zahlreich. Der so genannte Brexit hat erst kürzlich die Probleme von Referenden aufgezeigt; in der Abstimmung über den Austritt Großbritanniens aus der EU bestimmten Missstände die Entscheidung der Wähler:innen, die gar nichts mit der EU zu tun hatten. Heute hat sich das Auseinanderdriften der britischen Gesellschaft verschärft und die ökonomische Situation im Land verschlechtert.

Auch die Annahme, direktdemokratische Beteiligungsmöglichkeiten würden die Partizipationsbereitschaft der Bevölkerung erhöhen, hat sich nicht bestätigt. Im Fall des Brexits haben junge Menschen, die von der Austrittsentscheidung für ihr zukünftiges Leben stark betroffen sein werden, unterdurchschnittlich häufig abgestimmt. Studien zeigen, dass die politische Ungleichheit bei den so genannten nicht-elektoralen Beteiligungsformen noch einmal größer ist: Sozial benachteiligte Bevölkerungsgruppen gehen viel seltener wählen, aber noch mal seltener nutzen sie andere Formen der politischen Beteiligung. Direkte Demokratie vergrößert also das Problem der politischen Ungleichheit.

Überdies zeigt sich, dass direkte Demokratie die Qualität politischer Entscheidungen nicht verbessert. Die vergleichende Demokratieforschung hat nachgewiesen, dass direktdemokratische Entscheidungsverfahren die Veränderungs- und Reformkapazitäten politischer Systeme eher mindern. Das ist aber angesichts von Herausforderungen wie dem Klimawandel von Nachteil. Misstrauisch sollte schließlich auch die Tatsache machen, dass die lautesten Fürsprecher der Beschränkung der Macht gewählter Politiker:innen

9 Wie die Zukunft der Parlamente aussieht

durch Volksabstimmungen momentan die autoritär-populistischen Bewegungen und Parteien sind, die sehr genaue Vorstellungen davon haben, was der angebliche Volkswille ist. Sie wollen nämlich Mehrheiten gegen die berechtigten Interessen von Minderheiten mobilisieren und für die Beschränkung verbriefter Freiheitsrechte gewinnen. Letztere sind ihnen, obgleich sie neben der Erkämpfung des allgemeinen Wahlrechts eine historische Errungenschaft liberaler Demokratien darstellen, kein besonders wichtiges Anliegen.

Es finden sich also zahlreiche Argumente, die dagegen sprechen, beim Nachdenken über Reformen des politischen Systems zuvorderst auf den Ausbau und die Stärkung direktdemokratischer Elemente zu setzen. Es gilt trotz der Herausforderungen, der die repräsentative Demokratie und ihre Parlamente ausgesetzt sind, die prägnante Feststellung des Soziologen Colin Crouch:

> »Ein besseres System als die repräsentative Demokratie, in der wir Mitglieder eines Parlaments oder einer anderen deliberativen Versammlung wählen, die eine aus ihren Reihen gebildete Regierung unterstützen beziehungsweise bekämpfen und Tag für Tag Themen beraten, Entscheidungen treffen und Gesetze beschließen, ist nicht leicht zu finden.«[25]

Wohlgemerkt stammt diese Aussage aus der Feder des Autoren des Buches *Postdemokratie*, der mit seinen Analysen zu den Fehlentwicklungen und zum Niedergang moderner Wahldemokratien bekannt geworden ist. Auf einen der Vorzüge, die repräsentative Demokratien gerade in Krisenzeiten zu einem ›besseren‹ politischen System machen, hat Wolfgang Merkel hingewiesen: Aufgrund der engen Verflechtung von Regierenden und Regierten, also der im Buch beschriebenen Responsivität von Parlamenten, sind Demokratien besser als andere politische Systeme geeignet, auf Stagnation und Krisen zu reagieren und sie als Chance für Anpassungen und Reformen zu nutzen.

Bei Colin Crouch findet sich aber auch folgende Ergänzung seiner Aussage: »Dabei ist sie (die repräsentative Demokratie) alles andere

---

25 Crouch, Colin (2021): Postdemokratie revisited, Berlin: Suhrkamp, S. 32.

9 Wie die Zukunft der Parlamente aussieht

als eine perfekte Lösung.«[26] Ob repräsentative Demokratien und ihre Parlamente perfekt oder weniger perfekt funktionieren, liegt einerseits an den politischen Strukturen und dem ›Bauplan‹ der politischen Institutionen. Wie oben skizziert, zeigt die 75-jährige Geschichte des Grundgesetzes, dass sich die entsprechenden institutionellen Grundlagen bewährt haben. Andererseits hängt es von den in den politischen Organisationen und Institutionen – z. B. in Bürgerbewegungen, Parteien und Parlamenten – handelnden Bürger:innen und Politiker:innen ab, wie gut oder schlecht ein demokratisches System funktioniert. Demokratien benötigen Bürger:innen, die das politische System mit Leben füllen.

Deshalb ist auch politische Bildung so wichtig, die Kenntnisse über unser politisches System vermitteln, zur Beurteilung der Entscheidungen von Politiker:innen befähigen, zu eigener politischer Beteiligung anregen und gemeinsame demokratische Werte vermitteln soll. Insbesondere die schulische politische Bildung ist von Bedeutung, weil sie alle Schüler:innen erreicht, unabhängig davon, ob und wie oft am Essenstisch zuhause oder bei gemeinsamen Aktivitäten in der Familie und mit Freund:innen über Politik gesprochen wird. Durch den Zulauf für populistische Bewegungen und den Anstieg extremistischer Übergriffe ist in den letzten Jahren die Aufgabe der Schule, die Demokratiebildung der jungen Generation zu fördern, auch wieder stärker ins Bewusstsein einer breiteren Öffentlichkeit gerückt. Über viele Jahre schien sich die Bundesrepublik vor allem darum zu sorgen, dass unserem Land die Ingenieur:innen ausgehen könnten, und es wurde vorzugsweise die naturwissenschaftlich-technische Bildung gefördert. Inzwischen sind auch vermehrt Stimmen zu vernehmen, die fragen, was eigentlich mit einem demokratischen Land geschehen würde, dem die Demokrat:innen ausgehen. Entsprechend hat es verschiedene Initiativen zur Förderung von Demokratiebildung gegeben.

Allerdings fällt auf, dass dabei die Beschäftigung mit dem Parlament und mit Abgeordneten häufig keine besonders große Rolle

---

26 Ebd.

spielt. Demokratiebildung ist oftmals ›Selbst‹-Lernen zur Stärkung von Ich-Kompetenz und soziales Lernen zur Entwicklung von Sozialkompetenz, etwa in Projekten zur Gewaltprävention oder zum Interkulturellen Lernen. Institutionenkunde, die Informationen zu politischen Institutionen und demokratischen Verfahren vermittelt, ist dagegen eher unbeliebt – möglicherweise auch, weil sie als langweilig gilt und der Begriff – fälschlicherweise – an einen Unterricht denken lässt, der anhand unübersichtlicher Schaubilder den Gesetzgebungsprozess oder die Struktur unseres politischen Systems zu vermitteln versucht. Dazu passt die Beobachtung Philip Manows, dass es auch im politikwissenschaftlichen und im öffentlichen Diskurs ein relatives Desinteresse am Parlament gibt. Nach Manow sei zwar politische Empörung ›in‹, ›out‹ sei es aber, sich mit »formaler Demokratie« zu beschäftigen.

> »Das beschert uns Reflexionen zur gegenwärtigen Lage der Demokratie, in denen Wörter wie ›Parlament‹, ›Verhältniswahl‹ oder ›Mehrheitsfraktion‹ kein einziges Mal auftauchen, verfasst in einem Geist, der es für eine Auszeichnung hält, von der real funktionierenden Demokratie, über deren Krise man räsoniert, keine Ahnung zu haben – denn das sei ja ›bloße Politik‹«.[27]

Wenn aber die gegenwärtige Krise der Demokratie in der Herausforderung ihrer formalen Institutionen und der repräsentativen Organisationen besteht, dann hat sich die politische Bildung diesen auch stärker anzunehmen. Das Parlament und seine Abgeordneten müssen deutlicher in den Fokus der Demokratiebildung gerückt werden. Das hat nicht nur etwas mit Wissensvermittlung zu tun, sondern auch eine emotionale Seite. Anknüpfend an den Philosophen Jürgen Habermas lässt sich das zu erreichende Ziel mit dem Begriff des »Verfassungspatriotismus« umschreiben. Es ist die repräsentative Demokratie, die unsere Wertschätzung verdient, und nicht nur ein partizipativ erweitertes Idealbild von Demokratie.

---

27 Manow, Philip (2020): (Ent-)Demokratisierung der Demokratie, Berlin: Suhrkamp, S. 173.

9 Wie die Zukunft der Parlamente aussieht

Abb. 20: Zivilgesellschaftliche Bewegungen sind oft Ausgangspunkt für politische Neuerungen und erzeugen politischen Druck auf die Parlamente (Quelle: Jörg Farys/Fridays for Future).

Wir alle sind es, die einen Beitrag leisten können, unser parlamentarisches Regierungssystem mit auszugestalten. Wir können Kandidat:innen für politische Ämter, deren Überzeugungen wir teilen oder die wir einfach für anpackende, vertrauensvolle Menschen halten, im Wahlkampf unterstützen. Wir können uns informieren, wer diejenigen sind, die für unseren Wahlkreis ins Parlament eingezogen sind bzw. die Partei vertreten, die wir gewählt haben, und deren Aktivitäten verfolgen. Wir können Abgeordnete bitten und drängen, sich politischer Anliegen und Interessen anzunehmen, die uns wichtig sind. Wir können diese Abgeordneten kritisch zu Entscheidungen befragen, die sie im Parlament gefällt haben. Wir können Parlamentarier:innen auffordern, Auskunft über ihre Nebentätigkeiten und -verdienste zu geben. Je nachdem wie auf unsere Anliegen reagiert wird, können wir unsere Wahlentscheidung treffen. Wenn wir bereit sind, uns etwas längerfristig in einer Partei zu engagieren, können wir auch über diejenigen mitentscheiden, die als Kandidat:innen für unsere Partei auf dem Stimmzettel stehen. Wer aber die Mitwirkung in einer Partei scheut, weil das etwas Zeitaufwand bedeutet, oder wer keine für sich passende Partei findet, kann sich Bürgerinitiativen und sozialen Bewegungen anschließen. Solche zivilgesellschaftlichen Bewegungen können ein wichtiges Element für politische Neuerungen sein, indem sie vernachlässigte politische Probleme ansprechen, Menschen für ein Anliegen mobilisieren und die Parteien und ihre Parlamentsfraktionen aufrütteln. Dass es dafür keiner langjährigen politischen Vorerfahrungen oder Expert:innen, sondern vor allem Interesse und Kreativität bedarf, hat eindrucksvoll die Klimaschutzbewegung der jungen Generation gezeigt.

Literatur

Crouch, Colin (2021): Postdemokratie revisited, Berlin: Suhrkamp.
Detterbeck, Klaus (2020): Parteien im Auf und Ab. Neue Konfliktlinien und die populistische Herausforderung, Stuttgart: Kohlhammer.
Herzog, Dietrich (1993): Der Funktionswandel des Parlaments in der sozialstaatlichen Demokratie, in: Herzog, Dietrich/Rebenstorf, Hilke/Weßels, Bernhard (Hrsg.): Parlament und Gesellschaft. Eine Funktionsanalyse der repräsentativen Demokratie, Opladen: Westdeutscher Verlag, S. 13-52.
Lessenich, Stephan (2019): Grenzen der Demokratie. Teilhabe als Verteilungsproblem, Ditzingen: Reclam.
Manow, Philip (2020): (Ent-)Demokratisierung der Demokratie, Berlin: Suhrkamp.
Merkel, Wolfgang (2020): Herausforderung oder Krise: Wie gefährdet sind die liberalen Demokratien?, in: Deutschland & Europa. Themenheft Demokratie in der Krise?, 37. Jg., H. 79, S. 8–15, https://www.lpb-bw.de/publikation-anzeige/de-79-2020-demokratie-in-der-krise?tt_products%5BbackPID%5D=2454, Zugriff: 23.05.2023.
Merkel, Wolfgang/Ritzi, Claudia (Hrsg.) (2017): Die Legitimität direkter Demokratie. Wie demokratisch sind Volksabstimmungen?, Wiesbaden: Springer VS.
Reckwitz, Andreas (2019): Die Gesellschaft der Singularitäten. Zum Strukturwandel der Moderne, Berlin: Suhrkamp.

Schäfer, Armin/Zürn, Michael (2021): Die demokratische Regression, Berlin: Suhrkamp.

Schöne, Helmar (2023): Konflikt und Konsens in der Demokratie, in: Frech, Siegfried/Geyer, Robby/Oberle, Monika (Hrsg.): Kontroversität in der politischen Bildung, Frankfurt/Main: Wochenschau Verlag, S. 38–54.

Wolfrum, Edgar (2006): Die geglückte Demokratie. Geschichte der Bundesrepublik Deutschland von ihren Anfängen bis zur Gegenwart, Stuttgart: Klett-Cotta.